英単語 Issue

キャリア・学び編800

松本茂 監修

東京国際大学教授

世界の課題を英語で学び，語ろう！
━━ 「第2弾【キャリア・学び編】」を発刊するにあたり ━━

日常会話だけでなく，「世界が直面している重大な課題について英語で理解したい」「社会問題に関する自分自身の考えを英語で話し合いたい」「人生に直結するテーマをジブンゴトとして話し合いたい」といった向上心と好奇心のある読者のご要望にお応えするために開発したのがこの新シリーズです。皆さまに愛され続けている『速読速聴・英単語』シリーズの姉妹編です。

このシリーズの特徴は『速読速聴・英単語』シリーズにくらべ，取り扱うジャンルを絞り込んだ上で，多様な視座から問題をより深く考えていただけるよう，意外と思われるような情報や考え方を数多く提示していることです。英語での思考が深まれば，英語で話したり書いたりする内容がより深くなり，知的好奇心が刺激され続けます。

第2弾となる【キャリア・学び編】では，「人生は学びのプロセスである」「学びはキャリア形成と密な関係にある」と捉え，「ブラック企業にとどまることを納得させてしまう発想」「ジェンダーギャップの原因」「早期教育と高校の教育のあり方」といった課題を取り上げます。こういった現代社会の「キャリアや学び」に関する諸課題について，「社会常識を」いったん疑ってクリティカル（批判的）に分析し，より多面的に，より深く考え話し合えるように構成しました。

英語を使いこなすためには，「専門知識を英語でインプットし，英語の専門用語を覚え，視野を広げ，思考力を深めてくれる発想の英文に触れること」が大切です。ただ，自らの思考を柔軟で多面的にすることにつながる英文を自分でバランスよく収集するのは大変です。そこで，多角的な視座とアップデートされた情報が盛り込まれ，音読しやすく，またアウトプットしやすくなるよう意識して英語母語話者が本書のために書き下ろした英文を収録しました。上級レベルの英単語を音読しやすく親しみを持てる英文の中で学べるように工夫してあります。

本書の英文を聴いて読んでいただき，世界規模の学びとキャリアに関する社会課題をジブンゴトとしてとらえ，多面的な視座で他者を尊重し，未来につながる議論と行動ができる「しなやかな発想をもつ英語話者」になっていただければ幸いです。ご健闘を祈ります。

最後に，第1弾につづき，本書に壮大な写真をご提供くださった浦島久氏と，編集の労をとってくださったＺ会編集部に深く感謝申し上げます。

2023年3月

松本　茂

目次

第1章　自分を高める学び

第2章　多様性と人財

第3章　学びから見た世界と日本の違い

第4章　さらなるグローバル化のために

導入　大学生・社会人を育てるには？ 自分をどう高めていくか？

本書で用いた記号

【品詞】※「テーマ単語まとめ」内の**名詞以外**の単語について下記を記載。
[他] 他動詞　[自] 自動詞　[形] 形容詞　[副] 副詞

【記号・略語】
派 見出し語の元になる語もしくは見出し語から派生した語
参 見出し語に関連した参考語，参考表現
≒ 類義語（ほぼ同じ意味・用法）
⇔ 反意語（ほぼ反対の意味・用法）
[　] 言い換え可　　（　）省略可　　〈　〉機能などの補足説明
〜 名詞（句）の代用　　… 動詞や節の代用
《複》複数形　　《米》アメリカ英語　　《英》イギリス英語

【発音記号・アクセント】
原則としてアメリカ英語の発音。
[´ `] ´ が第1アクセント，` が第2アクセント
[r] イタリック部分は省略可

音声コンテンツと利用法

◆ストリーミングの場合

　英文ページ・「テーマ単語まとめ」ページ上部にある二次元コードを，スマートフォンで読み込んでください。音声再生ページにいき，音声をストリーミング方式で聞くことができます。各ページの二次元コードがスマートフォン付属のカメラで読み取りづらい場合は，他の二次元コードリーダーなどを試してみてください。

　音声サイトのトップページには下記 URL または二次元コードからアクセスすることができます。

https://service.zkai.co.jp/books/zbooks_data/dlstream?c=5449

◆ダウンロードの場合

　上記 URL または二次元コードからアクセスする音声サイトで，ダウンロード用の音声を提供しています。

本書の構成と活用法

本書は4章からなり，各章に英文を5本ずつ収録しています。各章を「導入」，「英文」，「テーマ単語まとめ」で構成しています。テーマに関する背景知識を身につけながら学ぶことで，単語が定着しやすくなります。

［導入］

各テーマに関して日本語でやさしく解説しています。**英文を読むための背景知識**としてお読みください。

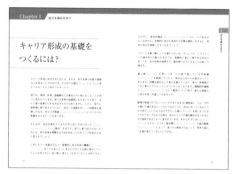

［英文］

◆学習法

①テキストを見ないで英文を聴く，② Q（問い）に解答できるように意識して，テキストの英文を黙読し概要をつかむ，③（もし必要であれば）和訳で内容を確認する，④英文を聴きながら音読（overlapping）をする，⑤ Q の解答例を確認する，⑥もう一度テキストを見ないで英文を聴く，といった流れで学ぶのが一例です。

◆構成

※英文はすべて「2 見開き構成」（4 ページ）です。

● 1 見開き目

● 2 見開き目

❶ 二次元コード

ページ上部にある二次元コードをスマートフォンで読み込むと，ストリーミング方式で音声を再生することができます。音声サイトのトップページへのリンクは p.7 に掲載しています。

英文はナチュラルスピード，アメリカ英語で 1 回読み上げられています。

❷ Q (Question)

本文の内容について，思考を深めるきっかけとなる，読者への問いかけを掲載しています。**英語で答えるトレーニング**をしてみてください。

❸ 本文・全訳

英文は英検 2 級合格を目指している方が読んで概要を理解できるレベルで，黙読はもちろんのこと，**音読のトレーニング**にもおすすめです。「テーマ単語まとめ」で取り上げる単語は青色，Useful Expressions で取り上げる単語は黒太字にしています。

❹ Words and Phrases

本文中の単語や語句のうち，「テーマ単語まとめ」で取り上げるものを除き，意味を確認しておきたいものを取り上げています。

❺ Useful Expressions

本文に出てきた語句・表現のうち，応用したらスピーチやエッセイライティングで有効だと思われるものを取り上げています。例文を参考にし，**アウトプットのトレーニング**にご活用ください。

❻ A (Answer)

問いの訳と答えの例を掲載しています。問いと答えの例にならい，自分で**追加の問いを考え，意見を述べる**練習をしてみてもよいでしょう。

[テーマ単語まとめ]

英文に登場しなかった単語を加え，テーマに関する単語を幅広く身につけるページです。発音しながら，意味の確認をしてください。ダウンロードした音声を何度も聞いて耳から単語を学ぶこともできます。

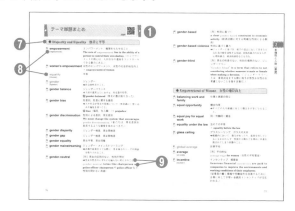

❶ 二次元コード

ページ上部にある二次元コードをスマートフォンで読み込むと，ストリーミング方式で音声を再生することができます。音声サイトのトップページへのリンクはp.7 に掲載しています。

見出し語が 1 語ずつ，アメリカ英語で読み上げられています。

❼ カテゴリー

テーマ単語について，覚えやすいカテゴリーに分けて掲載しています。関連する単語は同じ点線内で示しています。

❽ 見出し語

テーマに関心を持つきっかけとなる単語やテーマ理解が深まる単語を紹介しています。本文に登場したものは青色になっています。

❾ 用例・補足説明

語義の下のフレーズやセンテンスは見出し語を使った用例です。説明の必要なものについては，➡の後に補足説明を入れています。

Chapter 1
自分を高める学び

キャリア形成の基礎をつくるには?

キャリア形成に成功するためには，まずは，自分自身の性格や習慣などを知ることが大切です。その中でも**怒り**（anger）について考えてみることから始めてみましょう。

怒りは，期待，約束，価値観などが裏切られた時に生じることが多いと言われています。怒りは変革の起爆剤にもなることもあり，決して悪い結果だけを生み出すものではありません。しかし，怒りに無防備に振り回されていると，自分への信頼を失い，人間関係も崩壊しかねず，**キャリア形成**（career development）にマイナスの影響を与えるケースもあります。

そんな中，注目を集めているのが**アンガーマネジメント**（anger management）という概念・手法です。怒りに振り回されないためにも，自分自身を俯瞰する方法を知ることはキャリア形成の土台と言えるでしょう。

つぎにもう一歩踏み込んで，客観的に自分自身の**棚卸し**（taking inventory）をしてみましょう。あなたが子どもの頃に熱中していたことは何ですか。幼い時に，楽々とこなせていたことは何ですか。

その中に，**自分の強み**（personal strengths）のヒントがあるか
もしれません。定期的に自分の気持ちや目標の棚卸しをすると，将
来の自分を想像しやすくなるでしょう。

ブラック企業で働くことを望む人はいないでしょうが，ハラスメン
トや過労死が心配されるような，客観的に見たら理不尽な状況で
あっても，自分自身を納得させ，働き続けようとすることは起こり
得ます。

言い訳（excuse）を思いつき，心の底で感じている**不快感**
（discomfort）を無視していたら，幸せな人生からは遠ざかってし
まいます。問題を認めないで変化を避けていると，実は，無意識の
うちに新たにチャレンジしようともしなくなります。**認知的不協和**
（cognitive dissonance）という概念について学び，新たな視座か
ら自分を見つめ直してみませんか。

職場や家庭でのプレッシャーが大きくなる 30 歳前後に，人は「今の
仕事に不満があるというわけではなくても，自分に合っているかどう
か不安だ」というようなモヤモヤした**迷い**（doubt）を抱くように
なりがちです。そのような時は，自分にとっての優先順位をまとめる
ための指針があるとよいと言われています。**キャリア・アンカー**（career
anchor）もその一つです。**自分探し**（soul searching）や**自己発見**
（self-discovery）によって，迷いから解放されることで，将来の進む
べき道が見えてくるといいですね。

1 Anger Management (1)
アンガーマネジメント (1)

♪音声

Q How would you answer the question: If you are hammering a nail, and hit your finger, do you get angry? (→ p.17)

① Anger is one of our most common negative emotions. If this **is accompanied by** violent words or actions, it can lead to serious problems. Anger is one of the core emotions (anger, fear, sadness, disgust, surprise, and joy) that are hard-wired in our brains from the beginning and cannot be deleted.

② Anger is a secondary emotion. It occurs after primary emotions (sadness, anxiety, distress, regret, confusion, fear) have occurred. Various primary emotions pile up, resulting in the emotion of anger. Before we feel anger, our expectations, commitments, and values are often betrayed. We need to understand why we as individuals get angry, and we must **learn to** evaluate the types of anger that we feel.

③ One question often asked to elementary school students in North America is this: If you are hammering a nail, and you hit your finger, do you get angry? Who or what is your anger directed at? For young children, it is very common to direct their anger at the hammer, or at the nail. This reaction indicates a low state of emotional development. As we get older, it is common to feel anger directed at ourselves for not being more careful with the hammer.

Words and Phrases

ℓ.6	secondary emotion	二次感情	ℓ.12 evaluate	〜を見極める
ℓ.6	primary emotion	一次感情	ℓ.15 direct 〜 at ...	…を〜に向ける
ℓ.9	expectation	期待	ℓ.17 low	（生物が）未発達の ;（人が）
ℓ.10	commitment	約束		粗暴な
ℓ.10	betray	〜を裏切る		

全訳

① 怒りは，私たちの最も一般的な否定的な感情の一つだ。暴力的な言動**が伴うと**，深刻な問題に発展することがある。怒りは人間の脳に最初から備わっている中核となる感情（怒り，恐れ，悲しみ，嫌悪，驚き，喜び）の一つで，削除することはできない。

② 怒りは二次感情だ。一次感情（悲しみ，不安，苦しみ，後悔，困惑，恐怖など）が発生した後に発生する。さまざまな一次感情が積み重なり，結果として怒りという感情になる。私たちが怒りを感じる前には，期待や約束や価値観が裏切られていることが多い。私たちは，個人としてなぜ怒るのかを理解し，どのような怒りを感じているのかを見極め**られるようになる**必要がある。

③ 北米の小学生たちがよく聞かれる質問の一つに，次のようなものがある。釘を打っている時に自分の指を打ってしまった場合，あなたは怒るか。怒りの矛先は誰または，何に向けられるか，という質問だ。幼い子どもは，怒りの矛先をハンマーや釘に向けることがよくある。この反応は，情緒面の発達が未熟な状態であることを示している。年齢が上がるにつれ，ハンマーをもっと慎重に扱わなかった自分自身に対して怒りを覚えるのが一般的だ。

Useful Expressions

① **be accompanied by ～**　～が伴う

The book **is accompanied by** two CDs. （その本には CD が 2 枚付いてくる。）

② **learn to *do***　（経験や学習を通じて）…できるようになる

経験や学習を通じて，知識や技術を身につけることを表す。

I **learned to** drive when I was 19. （私は 19 歳で運転できるようになった。）

2 Anger Management (2)
アンガーマネジメント (2)

♪音声

1　(③続き) The target of the exercise, however, is noticing and identifying our own proper emotions. This **leads** us **to** realize that anger itself is not the proper emotion to feel. Anger, in this case, is a childish reaction to other primary emotions brought on by the
5　physical sensation of pain.

④　A common phrase in English is "Bite your tongue!" This is often said to people on the verge of anger, or who may soon say something they will regret. It means, quite literally, to bite your own tongue in order to prevent yourself from speaking. The
10　effect is similar to what is seen in Japanese anger management techniques, such as the six-second rule, or taking deep breaths. While you are biting your tongue, you cannot speak and you must think clearly about what your next action will be. These techniques cause us to take time to consider our actions. This
15　requires paying attention to our primary emotions that are in the background.

⑤　There is an Ancient Greek aphorism that has been repeated throughout history by teachers, academics **and** doctors **alike**: "Know thyself." We should strive to objectively know ourselves,
20　including our emotions, and this will guide our choices in everyday life.

Words and Phrases

ℓ.1	notice	~に気づく	
ℓ.2	identify	~を特定する	
ℓ.2	proper	本来の，本物の	
ℓ.5	physical sensation	身体感覚	
ℓ.7	on the verge of ~	~寸前で	
ℓ.8	quite literally	まさに文字通り	
ℓ.9	prevent oneself from *doing*	…することから自分を止める，…しない	

ℓ.15	in the background	背景に，背後に
ℓ.17	aphorism	格言
ℓ.18	throughout history	歴史を通して
ℓ.19	strive to *do*	…するよう努める
ℓ.20	guide	~を導く，~の指針になる

全訳

（③続き）　しかし，この演習の狙いは，自分自身の本来の感情に気づき，それを特定することだ。**これにより**，怒りそのものが本来の感情ではないことに**私たちは気づかされる**のだ。この（幼い子どもの）場合の怒りは，痛みという身体感覚がもたらす他の一次感情への子どもじみた反応である。

④　英語でよく耳にする言葉に「舌を嚙め！」というのがある。これは，怒る寸前の人や，後悔するようなことをすぐに言いそうな人に対してよく言われる言葉だ。これは，まさに文字通り，自分の舌を嚙んでしゃべらないようにするという意味だ。この効果は，日本のアンガーマネジメントの手法で見られる「6秒ルール」や「深呼吸をする」と同じようなものだ。舌を嚙んでいる間は，話すことができないので，次にどのような行動をとるかを明確に考えなければならない。これらの手法により，私たちはじっくりと自分の行動について考える時間を取ることになる。その際に，背景にある一次感情に注意を払うことが必要となるのだ。

⑤　古代ギリシャの格言に，教師，学者，医師が**等しく**，歴史を通して繰り返し唱えてきたものがある。「汝自身を知れ」だ。自分の感情を含め，自分自身を客観的に知るように努めるべきであり，そうすることは日常生活における選択の指針になるだろう。

A　質問：次の質問にあなたは何と答えますか —— 釘を打っている時に指を打ってしまったら，怒りますか。
　　　例：I would reply as follows: No, I wouldn't get angry. I'd probably feel I should be more careful next time. （私は次のように答えるでしょう —— いいえ，怒りはしないと思います。次は気をつけようとは思うでしょうね。）

I'd probably feel I *should have been* more careful. と仮定法を使えば「もっと気をつけるべきだった（のにしなかった）」の意味を表すことができる。

Useful Expressions

③　**S lead 人 to *do*** 　Sに人は…させられる

Watching YouTube all day **leads me to realize** that there are many talented people in the world. （ユーチューブを一日中見ていると，世の中には優秀な人がたくさんいることに私は気づかされる。）

⑤　**A and B alike** 　AもBも同様に（等しく）

This game is enjoyed by young **and** old **alike**. （このゲームは，老いも若きにも等しく楽しまれている。）

テーマ単語まとめ

♪音声

◆ Emotions　感情

001 anger
[ǽŋgər]

怒り
She feels a lot of anger towards her father.
（彼女は父親に対して大きな怒りを感じている。）
派 angry（怒った）

002 disgust
[disgʌ́st]

嫌悪
The man walked away in disgust.（その男はうんざりして歩き出した。）
派 disgusted（嫌悪を抱いた）

003 fear
[fíər]

恐れ
The girl was shaking with fear.（少女は恐怖で震えていた。）派 fearful（怖がって）

004 joy
[dʒɔ́i]

喜び
His films have brought joy to millions of people.
（彼の映画は，何百万人もの人々に喜びを与えてきた。）派 joyful（喜びで満ちた）

005 sadness
[sǽdnis]

悲しみ
His voice was filled with sadness.（彼の声は悲しみでいっぱいだった。）派 sad（悲しい）

006 surprise
[sərpráiz]

驚き　[他]〜を驚かす
Life is full of surprises.（人生は驚きに満ちている。）
派 surprising（驚くべき）/ surprised（驚いた）

◆ Feelings of Anger　怒りの感情

007 fury
[fjúəri]

激しい怒り
her fury at their impoliteness（彼らの無礼な態度に対する彼女の激しい怒り）
派 furious（激怒した）

008 irritation
[ìrətéiʃən]

いらだち，立腹
In spite of my irritation, I couldn't help laughing.（いらだちを覚えながらも，私は思わず笑ってしまった。）派 irritated（いらいらした）

009 rage
[réidʒ]

激怒；（激しい）渇望
His face was red with rage.（彼の顔は怒りで紅潮していた。）

010 wrath
[rǽθ]

激怒；復讐
incur someone's wrath（誰かの怒りを買う）

◆ Causes of Anger　怒りの原因

011 accusation
[ækjuzéiʃən]

非難，告発
The woman glared at me with an air of accusation.（女性は非難するように私を睨んだ。）
📖 be accused of ～（～で告発〔非難〕される）

012 agony
[ǽɡəni]

（肉体的・精神的）激しい苦痛，苦悩
The old man was in agony.（その老人は苦しみもだえていた。）≒ anguish（激しい苦痛，苦悩）

013 anger trigger

怒りの引き金
identify one's anger triggers（怒りの引き金を特定する）

014 anxiety
[æŋzáiəti]

（不確定な将来への）不安
Waiting for test results is a time of great anxiety.（検査結果を待つのは，とても不安な時間だ。）🔤 anxious（不安を感じる，心配な）

015 confusion
[kənfjúːʒən]

困惑，混乱
This announcement caused a lot of confusion.（この発表は多くの混乱を招いた。）
📖 confuse（～を困惑させる）

016 disregard
[dìsriɡáːrd]

軽視，無視　〔他〕～に注意を払わない
My husband shows a total disregard for other people's feelings.（夫は他人の気持ちを完全に無視する。）≒ ignore（～を無視する）

017 disrespect
[dìsrispékt]

失礼；軽視　〔他〕～に無礼をする
be treated with disrespect（ばかにされる）

018 distress
[distrés]

苦しみ，苦悩
He was experiencing emotional distress due to his work.（彼は仕事が原因で精神的な苦痛を感じていた。）

019 embarrassment
[imbǽrəsmənt]

きまりの悪さ，困惑
She felt strong embarrassment at his behavior.（彼女は，彼の振る舞いに強い恥ずかしさを感じた。）
📖 embarrass（～に恥ずかしい思いをさせる）

020 insult
名詞 [ínsʌlt], 動詞 [insʌlt]

侮蔑的発言，侮辱　〔他〕～を侮辱する
receive an insult（侮辱される）

021 interruption
[ìntərʌ́pʃən]

妨害，邪魔
Hospitalization was a minor interruption for my career.（入院は，私のキャリアにとって小さな中断だった。）📖 be interrupted（中断される）

19

022 □	**negative emotion**	否定的な気持ち〔感情〕
		➡ sad, angry, upset（腹を立てて）, disgusted（むかついた）, disappointed（がっかりした）, frustrated（くじかれた）など。
023 □	**positive emotion**	前向きな気持ち〔感情〕
		➡ enthusiastic（熱心な）, amused（面白がって）, excited（興奮して）, relaxed（リラックスして）, cheerful（朗らかな）, hopeful（希望に満ちた）など。
024 □	**obsession** [əbséʃən]	異常な執着，強迫観念 **She has an unhealthy** obsession **with diet.**（彼女はダイエットに不健全な執着心を持っている。） 参 **be obsessed with** 〜（〜にとりつかれている）
025 □	**regret** [rigrét]	残念，遺憾，後悔 **It is with great** regret **that we accept your resignation.**（大変残念だが，あなたの辞表を受理する。）派 regrettable（悔やまれる，残念な）
026 □	**suppress** [səprés]	［他］（好ましくないものや感情）を抑圧する **Don't** suppress **your happiness. Laugh out loud!**（喜びを抑えないで。声を出して笑おう！）
027 □	**threat** [θrét]	脅し，脅迫 **under** threat **of** 〜（〜という脅迫を受けて）派 threaten（〜を脅す；〜に脅威を与える）
028 □	**worry** [wə́ːri]	心配，不安；心配事　［自］くよくよ心配する ［他］〜を心配させる 参 **worry about** 〜 **/ brood over** 〜 **/ fret about** 〜（〜についてくよくよする）

◆ Outbursts of Anger　怒りの発露

029 □	**blame** [bléim]	［他］〜を責める **Why do you** blame **others for your problems?**（なぜ，あなたは自分の問題を他人のせいにするのだろうか。）
030 □	**destructive anger**	破壊的な怒り Destructive anger **is expressed in an unhealthy way and causes harm.**（破壊的な怒りは，不健全な方法で表現され，害をもたらす。）
031 □	**intense anger**	激しい〔強烈な〕怒り **At times,** intense anger **can get out of control.**（時には，激しい怒りが制御不能になることもある。）

032	lose one's self-control	自制心を失う

lose one's self-control 自制心を失う
Do not lose your self-control.（自制心を失わないでください。）
⇔ regain ～ （～を取り戻す）

033 uncontrollable anger 抑えきれない怒り
Sometimes people experience uncontrollable anger, which often escalates the situation.
（時には，人は抑えきれない怒りを経験し，それが状況を悪化させることもしばしばである。）

034 violence [váiələns] 暴力
the victims of domestic violence（家庭内暴力（DV）の被害者）派 violent（乱暴な）

◆ Be Free From Anger　怒りから自由になる

035 assertiveness [əsə́:rtivnis] 自信に満ちた態度，アサーティブネス
➡アサーティブネスは，相手も尊重した自己表現もしくは自己主張のこと。
Assertiveness skills can decrease your stress levels and increase your confidence.
（アサーティブネススキルは，あなたのストレスレベルを下げ，自信を高める。）
派 assertive（はきはきした，自信に満ちた）

036 collected [kəléktid] [形]（集中力を失わないで）落ち着いた
She appeared calm and collected.（彼女は冷静沈着に見えた。）
参 collect oneself（気を落ち着かせる）

037 compassion [kəmpǽʃən] 思いやり，慈悲，コンパッション
treat failure with compassion（失敗に思いやりをもって接する）
派 compassionate（思いやりのある）

038 forgiveness [fərɡívnis] 許し
encourage forgiveness and compassion（許しと思いやりを促す）派 forgive（～を許す）

039 mental health メンタルヘルス，心の健康

040 physical health 身体の健康
consider the mental as well as physical health of patients（患者の身体的な健康だけでなく，精神的な健康にも配慮する）

041 take a deep breath 深呼吸をする
Take a deep breath and get outside to clear your mind.（深呼吸をして，外に出て雑念を払いなさい。）

3 Taking "Inventory" for Career Development (1)

キャリア形成のための「棚卸し」(1)

♪音声

Q | What do you consider to be your strong points? How about your weak points?(→ p.25)

① In Japan, many companies still have a lifetime employment system. Companies hire workers as soon as they graduate from university, and those workers stay with the company until retirement. However, more and more new graduates are finding
5 that their workplaces are not what they imagined. As a result, the rate of new graduates leaving their jobs is increasing. This is a sign that new graduates need to think carefully about the career paths offered by companies and how they want to shape their careers before they graduate, not after.

10 ② How can students learn about careers? **To begin with**, students need to receive career education from an early stage. Such career guidance today is often focused on general know-how, like where to get a job or how to answer questions in an interview. The kinds of jobs that are available and how students can **make**
15 **the most of** their talents should be the focus of career counselors.

③ Many students do not have a so-called "inventory" of their personal strengths. They create a narrative about their abilities based on the little experience they had in post-secondary education. Students should expand their time frames when
20 organizing their activities and experiences.

Words and Phrases

ℓ.12 know-how	ノウハウ, 実務知識	ℓ.18 post-secondary education	
ℓ.16 so-called	いわゆる		中等教育の後の教育（大学や職業訓練校など）
ℓ.16 inventory	棚卸し表, 商品目録	ℓ.19 time frame	時間枠, 期間
ℓ.17 narrative	物語		

全訳

① 日本ではまだ多くの企業が終身雇用制をとっている。大学を卒業したらすぐに就職し，定年まで勤め上げる。しかし，新卒者が，自分の想像していた職場と違うことに気づくケースが増えている。 その結果，新卒者の離職率が高まっている。これは，新卒者が，企業によって提示されたキャリアパスをよく考え，卒業後ではなく，卒業前に自分のキャリアをどう形成したいかを考える必要があることを示している。

② 学生がキャリアを学ぶにはどうしたらよいのだろうか。**まず**，学生は早い段階からキャリア教育を受ける必要がある。そのような今のキャリア指導は，就職先や面接の受け答えなど，一般的なノウハウが中心になっていることが多い。どのような仕事があり，どうしたら学生が自分の能力**を最大限活用する**ことができるのか，そこがキャリアカウンセラーの焦点になるべきだ。

③ 多くの学生は，自分の強みに関するいわゆる「棚卸し表」を持っていない。中等教育後のわずかな経験をもとに，自分の能力について物語（ナラティブ）を作っている。学生たちは，自分の活動や経験を整理する際に，時間の枠を広げる必要がある。

Useful Expressions

② **to begin with**　まず第一に

I want to make coffee, so **to begin with**, I'll put the kettle on.（コーヒーを淹れたいので，初めにヤカンを火にかけよう。）

② **make the most of ～**　（時間・機会など）を最大限活用する

I want to be a professional game designer to **make the most of** my artistic skills.（自分の芸術性を最大限活用するために，プロのゲームデザイナーになりたい。）

④　To help you expand your personal strengths inventory over a longer time horizon, it is useful to ask yourself questions about your past. For example, "What **were** you **passionate about** when you were a child?" "What were you able to handle effortlessly?" Finding commonalities in the answers to such questions can tell you a lot about your strengths, which will lead to better results in the job market.

⑤　Once the student finds a job, it is still important for them to continue taking inventory of their feelings and goals. When you start working for a company, you will face a gap between your ideals and reality. This is especially true if your expectations were high. New employees often experience confusion and stress, and many decide they no longer want to continue their jobs.

⑥　If you **find yourself in** such a situation, should you change jobs and try to find the perfect one? Or should you accept the gap between your hopes and reality? To answer this, it is important to think carefully about differences in values, as well as the differences between what you wanted to achieve at the company and reality. It is also important to imagine yourself in the future as well as in the present. This is because the roles you will play at your company, in your family and in your community will keep changing depending on your stage of life.

Words and Phrases

ℓ.2　time horizon　　期間　　　　　　　　ℓ.22 depending on ~　　~によって
ℓ.17 ~ as well as ...　　…だけでなく~も

24

全訳

④　自分の強みの棚卸しをより長い時間軸で行うには，自分の過去について自問自答することが有効である。例えば，「子どもの頃，何に**熱中していたか**」「楽にこなせたことは何か」だ。このような質問に対する答えの共通点を見つけることで，あなたの強みについて多くのことを知ることができ，それは求人市場でのよりよい結果につながるだろう。

⑤　学生は就職しても，自分の気持ちや目標の棚卸しをすることを続けることが大切だ。会社で働き始めると，自分の理想と現実のギャップに直面するものだ。特に期待が大きかった場合は，なおさらだ。新入社員は戸惑いやストレスを感じることが多く，中にはもう仕事を続けたくないと思う人も少なくない。

⑥　**自分が**このような状況**にあると気づいた**場合，転職して完璧な職を探すべきなのだろうか。それとも，自分の希望と現実のギャップを受け入れるべきなのだろうか。その答えを出すには，価値観の違いや，会社で実現したかったことと現実の違いについてじっくり考えてみることが大切だ。また，現在の自分だけでなく，将来の自分を想像することも大切だ。なぜなら，会社，家庭，地域社会で果たす役割は，ライフステージによってどんどん変化していくからだ。

A　質問：ご自身の強みは何だと思われますか。また，弱点はどうでしょうか。
例：I consider punctuality and creativity to be my strong points. My weak points are a lack of reliability and social skills. （私は，時間を守ることと創造性が私の強みだと考えています。弱点は，信頼性と社会性です。）

Useful Expressions

④　**be passionate about ～**　～に熱中する，～に情熱を傾ける

I've **been passionate about** music from a young age. （私は幼い頃から音楽に情熱を傾けてきた。）

⑥　**find oneself in ～**　自分が～にいると気づく，気づくと（自分が）～にいる

When I **find myself in** difficult times, I usually call my mother for advice. （私は困難な状況に陥った時，たいてい母に電話をしてアドバイスをもらう。）

1

自分を高める学び

◆ To Build Your Career キャリア形成のために

042 career path

キャリアパス，キャリアの道
➡仕事をしていく上でキャリア（経歴）を積んでいく
　道筋のこと。

I don't know what future career path might suit
me but I'm told I write well. （将来どのような進
路が自分に合っているかはわからないが，文章は
うまいと言われている。）

043 career counselor

キャリアカウンセラー，職業相談員
He is a career counselor and advises clients
about career changes. （彼はキャリアカウンセ
ラーとして，クライアントに転職についてアドバ
イスしている。）

044 career education

キャリア教育

045 career guidance

キャリア・ガイダンス，キャリア指導

046 find a commonality

共通点〔共有点〕を見出す
They found a commonality in discussing their
childhood experiences. （彼らは子ども時代の体
験談を語り合う中で，共通点を見出した。）
≒ find common ground

047 gap between ideal and
reality

理想と現実のギャップ
fill in the gap between ideal and reality （理想と
現実のギャップを埋める）

048 job market

求人市場，就職戦線
a tough job market that favors skilled and educated
workers （熟練した高学歴の労働者が有利な厳し
い求人市場）

049 lifetime employment

終身雇用
lifetime employment system （終身雇用制度）
Lifetime employment is a long-established
practice in most Japanese firms. （終身雇用は多
くの日本企業で古くから行われている慣行だ。）

050 new graduate

新卒者
periodic recruitment of new graduates （新卒者
の定期採用）

051 personal strength

自分の強み
Personal strength varies from individual to
individual. （強みは人によって異なる。）

052 potential [pəténʃəl]	潜在力，将来性 achieve one's full potential in one's present job（現在の仕事で能力を十分に発揮する）
053 take inventory of ～	～の棚卸しをする，～を振り返る take inventory of life（人生の棚卸しをする）
054 workplace [wɔ́ːrkpleis]	職場 difficulties women face in the workplace（女性が職場で直面する困難）

◆ Erikson's 8 Stages of Development エリクソンの8つの発達段階

055 developmental tasks and psychosocial crisis	発達課題と心理社会的危機 People face developmental tasks and psychosocial crises, and by clearing them, they grow as human beings.（人は発達課題と心理社会的危機に直面し，それらをクリアすることで，人間的に成長する。）
056 psychosocial [sàikousóuʃəl]	［形］心理社会的な Psychosocial stress is a combination of social and psychological stresses.（心理社会的ストレスは，社会的ストレスと心理的ストレスが合わさったものである。）

乳児期（Infancy）（誕生〜18カ月）

057 basic trust vs. basic mistrust	基本的信頼 対 基本的不信
058 predictable and reliable care	予測可能で信頼できるケア Receiving predictable and reliable care can help people develop a sense of trust in others.（予測可能で信頼できるケアを受けることで，他者への信頼感が芽生える。）
059 feel secure	（危害を受けないと感じて）安心する By feeling secure, people can develop the power of hope that someone will help them.（人は，安心することで，誰かが助けてくれるという希望の力を養うことができる。）
060 a sense of identity	自分らしさの感覚
061 a sense of helplessness	無力感 If people do not get what they want from anyone, they acquire a sense of mistrust and helplessness toward themselves.（人は誰からも望みを叶えてもらえなければ，不信感や，自分に対する無力感を身につけてしまう。）

062 self-deficiency

自己不全感

➡ 自分は不完全であり，何も満足にできないという感情。

If no one gives them what they want, they develop a sense of distrust and self-deficiency. They will also feel that trying hard is futile and will soon give up. （誰も欲しいものを与えてくれないと，不信感や自己不全感に陥ってしまう。また，努力しても無駄だと感じ，すぐに諦めてしまうだろう）。

幼児前期（Early Childhood）（１歳半〜３歳）

063 autonomy vs. shame and doubt

自律性 対 恥・疑惑

064 autonomy
[ɔ:tánəmi]

自律性

Early childhood is the time when autonomy is fostered. Autonomy is the ability to control one's impulses and to discipline oneself. （幼児前期は自律性が育つ時期だ。自律性とは，自分の衝動を制御し，自分を律する能力である。）

065 create an environment welcoming of failures

失敗を歓迎する環境を作る

066 have self-control without a loss of self-esteem

自尊心を失わずに自制する

067 willpower
[wílpauər]

意志の力

If parents try to prevent their children from making mistakes ahead of time, they will not develop the "willpower" that is important for survival. （子どもが失敗しないようにと親が先回りしてしまうと，生き抜くのに大事な「意志の力」が育たない。）

068 shame
[ʃéim]

羞恥心

If children are constantly reprimanded every time they fail, they will feel shame and lose the will to try again. （失敗するたびに叱られてばかりいると，子どもは羞恥心を覚え，再挑戦する意志を失ってしまう。）

遊戯期（Play Age）（3歳〜5歳）

069 initiative vs. guilt
自発性・積極性 対 罪悪感

070 initiative
[iníʃətiv]
自発性・積極性
By experiencing enough of what they want to do, children learn to balance initiative **with a sense of guilt.**（子どもたちはやりたいことを十分体験することで，自発性と罪悪感とのバランスをうまくとれるようになる。）

071 interact with peers
仲間と交流する
Children learn how to interact with peers **and behave in public.**（子どもは，仲間との交流の仕方や公共の場での振る舞い方を学ぶ。）

072 a sense of purpose
目的意識
They learn to understand why they do certain things. They acquire a sense of purpose.（子どもたちは，自分がなんのためにその行動をするのかがわかるようになる。目的意識を獲得するのだ。）

学童期（School Age）（5歳〜12歳）

073 industry vs. inferiority
勤勉性 対 劣等感
參 industrious（勤勉な，よく働く）

074 voluntary and habitual engagement
自発的・習慣的な取り組み
Industriousness or diligence is a skill that is honed through interactions with friends. It is cultivated through voluntary and habitual engagement **in socially expected activities.**（勤勉性とは，友だちとの関わりの中で磨かれる力だ。社会的に期待される活動に自発的・習慣的に取り組むことで培われる。）

075 confidence and capability
自信と能力
Children begin to cooperate with each other to fulfill their roles, eventually gaining confidence **and realizing their own** capabilities.（子どもたちは，互いに協力し合って自分の役割を果たすようになり，やがて自信を持ち，自分の能力に気づくようになる。）

1

自分を高める学び【単語】

076	**superiority or inferiority**	優劣

If they don't have enough experience in cooperating and empathizing with their friends, they will only be conscious of their superiority or inferiority to other children. (友だちと協力したり共感したりする経験が少ないと，他の子との優劣ばかりを意識するようになる。)

077	**respect and empathy**	尊敬と共感

When friends are superior to them, they feel inferiority instead of respect and empathy. (友だちが自分より優れていると，尊敬と共感ではなく，劣等感を感じてしまう。)

078	**healthy pride**	健全なプライド

If they think they are better than others, they will feel a sense of superiority instead of healthy pride and self-confidence. (自分が人より優れていると思えば，健全なプライドや自信ではなく，優越感を感じるようになる。)

079	**strength** [stréŋkθ]	強み，長所；力

The important thing is to take roles that allow you to use your strengths. (大切なのは，自分の強みを活かせる役割を担うことだ。)

080	**overcome difficulties**	困難を克服する

By doing so, we can respect each other, work together to overcome difficulties, and grow together. (そうすることで，お互いを尊重し合い，協力して困難を乗り越え，共に成長することができるのだ。)

青年期（Adolescence）（12歳～18歳）

081	**identity vs. identity confusion**	（自我）同一性 対 同一性の混乱〔困惑〕，アイデンティティ 対 アイデンティティの混乱〔困惑〕

082	**true nature**	本質

People establish their identity through the knowledge of their true nature and their differences from others. （人は自分の本質や他者との違いを知ることで，自分のアイデンティティを確立していく。）

083 **who we are and what we want to accomplish**

私たちが誰で，何を達成したいのか

ask questions relevant to who we are and what we want to accomplish（私たちが誰で，何を達成したいのかに関連する質問をする）

084 **objective self-awareness**

客観的な自己認識

What is needed for objective self-awareness is friends who are deeply involved with you, who understand you, and who appreciate you for who you are.（客観的な自己認識のために必要なのは，自分と深く関わり，自分を理解し，ありのままの自分を認めてくれる友人たちだ。）

085 **fidelity**
[fidéləti]

忠誠

By acting the way you want to act and being recognized by your peers as being yourself, you gain the power of fidelity to live true to who you are.（自分がしたいように行動し，仲間からあなたらしいと認められることで，自分らしく生きるための「忠誠」の力を得ることができる。）

086 **identity confusion**

アイデンティティの混乱〔困惑〕

If you cannot find your spiritual center, you will experience identity confusion: "I don't know what I'm here for."（自分の心の拠り所が見つからないと，「何のために自分がここにいるのかわからない」というアイデンティティの混乱を経験することになる。）

087 **moratorium**
[mɔ̀ːrətɔ́ːriəm]

（活動などの）一時停止，モラトリアム

A moratorium on life decisions is allowed during adolescence as a grace period until one establishes one's identity.（青年期には，アイデンティティを確立するまでの猶予期間として人生の決断の一時停止が認められている。）

088 **reluctance**
[rilʌ́ktəns]

気が進まないこと，不本意，嫌気

Restrictions from teachers or parents lead to doubt, questioning, and reluctance in activities.（教師や親から制限を受けると，疑いや疑問を抱いたり，行動を躊躇するようになったりする。）

⁰⁸⁹ **conform**
[kənfɔ́:rm]

[自] 従う，順応する

If adults force teenagers to conform to their views, the teen will face identity confusion. (もし，大人がティーンエイジャーに対し，自分たちの意見に合わせるように強要すれば，そのティーンエイジャーはアイデンティティの混乱に直面することになる。)

初期成人期（Young Adult）（18歳〜40歳）

⁰⁹⁰ **intimacy vs. isolation**

親密性 対 孤立

⁰⁹¹ **intimacy**
[íntəməsi]

親密性

Erikson described intimacy as "a relationship in which you bet on the other person but do not lose yourself." (エリクソンは親密性を「相手に賭けても自分を失わない関係」と表現している。)

⁰⁹² **mutually trusting relationship**

信頼関係

If you have a long-lasting, stable, mutually trusting relationship with a friend, lover, or spouse, you will gain the power of "love." (友人，恋人，配偶者などと長く安定した相互の信頼関係があれば，「愛」の力を得ることができる。)

⁰⁹³ **relate positively to others**

積極的に人と関わりを持つ

When a person's self is not established and is ruled by the fear of losing oneself, he or she is unable to relate positively to others. (自己が確立されておらず，自分を失うことへの恐怖に支配されている場合，その人は他者と積極的に関わることができない。)

⁰⁹⁴ **superficial relationship**

表面的な人間関係

When people have only superficial relationships or reject relationships with others, they fall into isolation. (表面的な人間関係しか持てなかったり，他者との関係を拒絶したりすると，人は孤立に陥ってしまう。)

壮年期（Adulthood）（40歳〜65歳）

095 □ **generativity vs. stagnation**
次世代育成能力 対 停滞

096 □ **pass on to the next generation 〜**
〜を次の世代に引き継ぐ
If we pass on to the next generation what we have learned and experienced from the older generation, we acquire the ability to "care" for them.（上の世代から学んだこと，経験したことを次の世代に伝えていけば，私たちは彼らを「ケア」する力を身につける。）

097 □ **stagnation**
[stægnéiʃən]
停滞，沈滞
However, if we do not have intergenerational ties or do not pay attention to the next generation, we will fall into a situation known as "stagnation."（しかし，世代間のつながりがなかったり，次世代に目を向けなかったりすると，「停滞」と呼ばれる状況に陥ってしまう。）

老年期（Mature Age）（65歳以上）

098 □ **ego integrity vs. despair**
自己統合 対 絶望

099 □ **integrity**
[intégrəti]
完全（な状態），全体性，無傷の状態
Ego integrity means finding meaning in one's life within a larger historical context.
（自己統合とは，より大きな歴史的背景の中で自分の人生に意味を見出すことだ。）

100 □ **wisdom**
[wízdəm]
賢さ，知恵
People gain wisdom and are able to come to terms with life, even when it doesn't go their way.（人は思い通りにならないことがあっても，賢さを得て，人生に折り合いをつけていくことができるようになる。）

101 □ **despair**
[dispéər]
絶望
When a person has nothing to inherit from the previous generation or to leave to the next generation, he or she cannot confirm the meaning of his or her existence and falls into despair.（前世代から受け継ぐもの，次世代に残すものが何もないと，人は自分の存在意義を確認できず，絶望に陥る。）

5 Cognitive Dissonance — Why Do People Work for "Black Companies?" (1)

認知的不協和 — なぜ「ブラック企業」で働くのか (1) ♪音声

Q Have you ever experienced cognitive dissonance? What was the situation? (→ p.37)

1 ① When there is a discrepancy between our values and what we actually say, do or think, we feel discomfort or stress. This psychological state is called *cognitive dissonance*, meaning a lack of harmony in our mental state. To restore the harmony and
5 feel better, people **come up with** excuses to convince themselves that they are not going against their beliefs. By learning to recognize cognitive dissonance, we can work towards improving our lives without falling into a negative spiral.

② For example, imagine that you plan to study for an hour every
10 night to do better on your next English test. You start to study but you are tired, so you put it off until the next day. To feel better, you say to yourself: "Well, one night won't make much difference," or "Taking care of myself is more important than English." You try to resolve the contradiction **in the corner of your mind**. Although
15 these are natural responses to avoid a feeling of emptiness, the excuses don't make us feel good **in the long term**. We know deep down that we are betraying ourselves.

Words and Phrases

ℓ.4 restore	～を元の状態に戻す，（秩序など）を復活させる
ℓ.9 imagine that...	…と想像してみてください
ℓ.10 do good on the test	試験で高得点を取る
ℓ.12 say to oneself	自分に言い聞かせる
ℓ.12 not make much difference	大して違いはない
ℓ.13 take care of oneself	自分を大事にする
ℓ.14 resolve ～	～を解消〔解決〕する
ℓ.16 deep down	心の底では，本心では
ℓ.17 betray	～を裏切る

全訳

① 自分の価値観と実際の言動や考え方に不一致があると，人は不快感やストレスを感じる。 このような心理状態を認知的不協和といい，精神状態の調和がとれていないことを意味する。調和を取り戻し，気分をよくするために，人は言い訳**を考え出し**，自分は信念に反していないのだと自分を納得させる。認知的不協和を認識できるようになることで，私たちは負のスパイラルに陥ることなく，人生をより良くするために努力することができるのだ。

② 例えば，次の英語のテストでよりよい成績を取るために，毎晩1時間勉強しようと計画したと想像してみてほしい。勉強を始めたものの疲れているので，翌日まで先延ばしにする。気分をよくするために，あなたは自分にこう言い聞かせる。「まあ一晩くらいなら大した違いはないだろう」とか「英語よりも自分を大切にすることが大事」とか。 あなたは，**心の片隅にある**矛盾を解消しようとする。これはむなしさを回避するための自然な反応だが，言い訳は**長期的には**私たちをよい気分にさせない。私たちは自分自身を裏切っていることを，心の底ではわかっているのだ。

Useful Expressions

① **come up with ～** （アイデアや計画など）を思いつく〔を考え出す〕

I need to **come up with** some ideas for the party on Saturday. （土曜日のパーティのためにアイデアを考える必要がある。）

② **in the corner of one's mind** 心の片隅に

My memories of kindergarten are **in the corner of my mind**. （幼稚園の頃の記憶は，心の片隅にある。）

② **in the long term** 長期的に見れば，長い目で見れば

I don't enjoy studying accounting, but it will be useful **in the long term**. （会計学を学ぶのは楽しめないが，長い目で見たら役に立つ。）

6 Cognitive Dissonance — Why Do People Work for "Black Companies?" (2)

認知的不協和 — なぜ「ブラック企業」で働くのか (2) ♪音声

③ Cognitive dissonance can also affect us in our working lives. Most of us hope to earn an income that is commensurate with, or that matches, the demands of the job. But if the work is hard and the salary is low, we would feel a dissonance. As it is difficult
5 to change the workload and remuneration by oneself, a way of resolving the dissonance is to change the way we look at the job.

④ We may subconsciously, without admitting the problem, start to think, "Actually, this job is challenging and fun," or "Compared to other jobs, maybe my current salary isn't so
10 bad." By convincing ourselves the job is not so bad, or that the situation could be worse, the dissonance itself is resolved. This is one reason why people continue to work for so-called "black companies." **If only they could** understand what Lincoln meant when he said, "My great concern is not whether you have failed,
15 but whether you **are content with** your failure." People who continue working under negative conditions run the risk of unconsciously becoming satisfied with their failures and lack of competence.

Words and Phrases

ℓ.3	match	～と釣り合う	
ℓ.8	challenging	やりがいのある	
ℓ.9	compared to ～	～と比較して	
ℓ.12	so-called	いわゆる	
ℓ.14	not A but B	A でなくて B	
ℓ.16	run the risk of ～	～という危険を冒す	

全訳

③ 認知的不協和は，職業人生においても，私たちに影響を及ぼすことがある。私たちの多くは，業務内容に見合う，または釣り合う収入を得ることを望んでいる。しかし，仕事がきつくて給料が安ければ，不協和を感じるだろう。仕事量と報酬を自分で変えることは難しいので，不協和を解消するには，仕事に対する見方を変えるという方法がある。

④ 私たちは問題を認めないまま，無意識のうちに「実は，この仕事はやりがいがあって楽しい」，「他の仕事と比べたら，今の給料も悪くないかもしれない」と思い始めることがある。今の仕事はそんなに悪くない，または，状況はもっとひどかったかもしれないと納得することで，不協和そのものは解消される。これが，いわゆる「ブラック企業」で働き続ける理由の一つである。 もし，その人々がリンカーンの言葉，「私の大きな懸念は，あなたが失敗したかどうかではなく，あなたが**失敗に満足している**かどうかだ」を理解**できればいいのだが**…。悪い条件の下で働き続ける人々は，自分の失敗や無能さに無意識のうちに満足するようになってしまう危険性がある。

A 質問：認知的不協和を経験したことがありますか。どのような状況でしたか。
例：Yes, I have. I support a political party that is strongly environmentally conscious, but I enjoy eating meat and driving my car. (はい，あります。私は環境に強く配慮した政党を支持していますが，肉を食べたり車を運転したりするのが好きです。)

Useful Expressions

④ **if only S ＋仮定法過去 （現実とは違うことへの願望を表して）…であればいいのにな**

If only I were gifted. (私に才能があればいいな。)
If only I could fly in the sky. (空を飛べたらいいな。)

④ **be content with ～ ～に満足している，～に甘んじている**

I've worked hard to get where I am, and I **am content with** my current position. (私は今の地位を得るために懸命に働いてきたし，今の地位に満足している。)

Q How do you evaluate your own strengths and weaknesses?

(→ p.41)

① Cognitive dissonance can hinder personal growth in several ways. **Not only** can it interfere with our ability to **reflect** objectively **on** our own words and actions; it can prevent us from trying to improve. It can lead to our unconscious avoidance of
5 new challenges. It may also create peer pressure among those in the organization who don't want to change. This can become a major factor hindering the growth of the organization, and is also a significant factor in reduced efficiency in the workplace. Therefore, it is important for each of us and for society as a whole
10 to find ways to reduce incidences of cognitive dissonance.

② One way to do this is to objectively understand one's own strengths and weaknesses and work to eliminate problems. Therapy is one way of achieving this and many employers now offer workplace counseling. Therapists generally agree that
15 mindfulness is the first step to overcoming cognitive dissonance by learning to recognize inconsistencies in the thought process. This stage is followed by having one's beliefs challenged and understanding how dissonant thoughts affect our behavior. Once we recognize this, the final step is to confirm the situation and
20 work on modifying our behavior.

Words and Phrases

ℓ.2	interfere with ~	~を妨げる	
ℓ.3	objectively	客観的に	
ℓ.5	peer pressure	同調圧力	
ℓ.9	as a whole	全体として	
ℓ.10	incidence	（病気などの）発生	
ℓ.12	eliminate ~	~を取り除く	
ℓ.18	dissonant	不調和な，矛盾する	

全訳

① 認知的不協和は，いくつかの点で個人の成長を阻害する恐れがある。客観的に自分の言動を振り返ることを妨げるだけでなく，改善しようとすることもできなくなってしまうのだ。それは，無意識のうちに新しいチャレンジを避けてしまうことにつながりかねない。また，組織内で変化を望まない人たちの間で同調圧力が生まれることもある。これは，組織の成長を妨げる大きな要因となり，職場の効率を低下させる大きな要因にもなりかねない。そのため，私たち一人ひとりが，そして社会全体が，認知的不協和の発生を減らす方法を見つけることが重要である。

② そのためには，自分自身の長所と短所を客観的に把握し，問題点を解消するよう努めることが一つの方法だ。セラピーはそのための一つの手段であり，現在では多くの雇用主が職場でのカウンセリングを提供している。マインドフルネスは，思考プロセスの矛盾を認識できるようになることで，認知的不協和を克服するための第一歩となる，とセラピストは一般的に認めている。この段階の後に続くのは，自分の信念に疑問を投げかけ，不協和な思考がどのように自分の行動に影響を与えているかを理解することだ。このことを認識したら，最終的には自分の状況を確認し，自分の行動を修正することに取り組むことだ。

Useful Expressions

① **not only ... but also ～**　…だけでなく～もまた

not only が文頭に出ると主語と述語に倒置が起きる。but also が省略されることもある。

Not only did she lose her money — she lost her computer. （彼女はお金を失っただけではなく，コンピュータも失った。）

① **reflect on ～**　～を省察する〔振り返る〕；～を熟考する

It is helpful to quietly **reflect on** your day before you go to sleep. （寝る前に静かに一日を振り返るのは有益だ。）

1　③　However, it is possible for us all to improve our behavior and situation without resorting to therapy. This can be achieved by **setting ourselves goals** and following them up with a PDCA (Plan, Do, Check, Action) cycle. The goals should be achievable; setting

5　a lofty goal and then exhausting oneself by **failing to** achieve it helps no one. A better plan is to first understand the value and significance to you of achieving the goal. Following this, you can imagine yourself as having achieved the goal. Then you will have the confidence and mental state to take the relevant action.

10　Afterwards, the PDCA cycle must be followed to identify what went well and what needs to be improved. You can also set new action goals for the next stage. Through this process, you can begin to objectively understand your own way of thinking. You can analyze your strengths and weaknesses and work to eliminate

15　problems caused by cognitive dissonance.

Words and Phrases

ℓ.2　resort to ~　　　　~に頼る〔訴える〕　　ℓ.9　relevant
ℓ.3　follow ~ up　　　~をさらに追及する　　　　（検討中の課題にとって）適切な，関連のある
ℓ.8　imagine oneself as *doing*　　　　　　　ℓ.10　afterwards　　　その後で
　　　　自分が…である状態を想像する　　ℓ.12　action goal　　　行動目標

全訳

③　しかし，セラピーに頼ることなく，自分の行動や状況を改善することは誰にでも可能だ。これは，**目標を設定し**，PDCA（Plan, Do, Check, Action）サイクルに沿ってそれを遂行することによって達成することができる。目標は達成可能なものでなければならない。高尚な目標を設定し，それを達成**できないで**自分を疲弊させることは，誰の役にも立たない。よりよい方法としては，まず，その目標を達成することが，自分にとってどのような価値や意味があるのかを理解することだ。そして，その目標を自分が達成したらどんなだろうかと想像すること。そうすれば，自信と心の余裕が生まれ，適切な行動を起こすことができる。その後，PDCA サイクルを回し，何が良かったのか，何を改善すべきなのかを明らかにする必要がある。また，次のステージに向けた新たな行動目標を設定することもできる。このようなプロセスを経て，自分自身の考え方を客観的に把握することができるようになる。自分の長所と短所を分析し，認知的不協和による問題を解消するために取り組んでいくことができる。

A　質問：ご自身の強み・弱みをどのように評価されていますか。
　　例：I evaluate my strengths and weaknesses based on the comments and criticism I receive at work.（自分の長所や短所は，仕事上でもらう意見や批評をもとに評価しています。）

Useful Expressions

③　**set oneself a goal**　目標を設定する

You can become a better student by **setting yourself goals** and working towards them.（自分で目標を設定し，それに向かって努力することで，よりよい学生になることができる。）

③　**fail to do**　…できない，…し損なう

Failing to pass your tests can require you to do the work again.（テストに不合格になると，もう一度課題に取り組まなければならないこともある。）

♪音声

◆ Cognitive and Behavioral Discordance　認知や行動の不一致

102 affect
[əfékt]
[他] ～に影響を及ぼす
Stress at work is affecting my sleep.（仕事のストレスが私の睡眠に影響を及ぼしている。）

103 assumption
[əsʌ́mpʃən]
前提，仮定
the assumption that all men and women think alike（すべての男性と女性が同じ考え方をするという仮定）

104 circuit of thought
思考回路

105 cognitive
[kάgnətiv]
[形] 認知の

106 cognitive consistency
認知的整合性

107 cognitive dissonance
認知的不協和
➡自分の思考や行動に矛盾がある時に生じる不快感やストレス。アメリカの心理学者レオン・フェスティンガー氏によって提唱された。認知的不協和が起こる場合は，「こうありたい，こうあるべき」といった前提となる認識があり，それと現実とのギャップで起こる。
be in a state of cognitive dissonance（認知的不協和の状態にある）
参 dissonance（不一致，不協和音）

108 conflicting
[kənflíktiŋ]
[形] 矛盾した，相反する
conflicting attitudes（矛盾した態度）
conflicting behaviors（矛盾した行動）

109 conflicting cognition
矛盾する認知

110 contradiction
[kὰntrədíkʃən]
矛盾
a contradiction between the government's ideas and its actual policy（政権の考えと実際の政策の齟齬）派 contradict（矛盾する）

111 discomfort
[diskʌ́mfərt]
不快；当惑
feeling of mental discomfort（精神的不快感）
⇔ comfort（安楽，快適さ）

112 discrepancy
[diskrépənsi]
不一致
discrepancy in opinion（意見の相違）

113 disharmony
[dishάːrməni]
不調和
marital disharmony（夫婦の不仲）

114 □	**emptiness** [émptinis]	むなしさ，無意味 There was a feeling of emptiness and loneliness deep inside me.（心の奥底にむなしさと寂しさがあった。）
115 □	**fall into ～**	～に陥る，～の状態になる She fell into the habit of smoking.（彼女はタバコを吸うようになった。）
116 □	**harmony** [háːrməni]	調和 参 in harony with ～（～と調和して）
117 □	**inconsistency** [ìnkənsístənsi]	不一致，矛盾 ⇔ consistency（一致，調和）
118 □	**mental** [méntl]	［形］精神の，心の，知能の mental disorder（精神疾患，心の病） ⇔ physical（身体の，肉体の）
119 □	**mind** [máind]	精神，心，頭脳 It is important to be healthy in mind and body.（心身ともに健康であることが大切だ。）
120 □	**natural response**	自然な反応 It is the body's natural response to promote healing.（それは治癒を促進するための体の自然な反応だ。）
121 □	**negative spiral**	悪循環，負のスパイラル Low levels of parental education achievement can lead to poverty for children, thus creating a negative spiral.（親の教育水準が低いと，子どもの貧困につながり，負のスパイラルを生む可能性がある。）
122 □	**psychological** [sàikəláːdʒikəl]	［形］心理的な 派 psychology（心理学，心理（状態））
123 □	**restore balance**	バランスを取り戻す The instructor shares tips to help restore balance to your life.（講師は，生活のバランスを取り戻すためのヒントを教えてくれる。）
124 □	**subconsciously** [sÀbkánʃəsli]	［副］無意識のうちに，潜在意識で Subconsciously, he blames himself for the failure at work.（無意識のうちに，彼は仕事での失敗を自分のせいにしている。） ⇔ consciously（顕在意識で，意識して）

◆ Response to Cognitive Dissonance　認知的不協和への反応

125 admit
[ædmít]
[他] 〜を認める
He did not want to admit that he was falling behind his peers.（彼は自分が同期に後れを取っていることを認めたくなかった。）

126 assimilate
[əsíməlèit]
[他] 〜を同化〔一致〕させる
assimilate immigrants（移民を同化させる）

127 convince
[kənvíns]
[他] 〜を納得させる
I had convinced myself that I was right.（自分が正しいと思い込んでいた。）
参 convince A of B（AにBを納得させる）

128 deceive oneself
自分自身をだます
➡真実を受け入れることを拒否すること（to refuse to accept the truth）

129 justification
[dʒʌstəfikéiʃən]
正当化

130 justify
[dʒʌstəfài]
[他] 〜の正当性を示す，（人・言動）を正しいとする
justify one's actions to others（他者に自分の行為の正当性を示す）

131 justify contradictory behavior
矛盾した行動を正当化する

132 modify
[mádəfài]
[他]（特定の目的に適するように）〜を修正する
She refused to modify her behaviour.（彼女は自分の行動を修正することを拒否した。）

133 reduce
[ridjúːs]
[他] 〜を低減する
reduce stress and anxiety（ストレスや不安を軽減する）

134 work toward(s) 〜
〜に向けて努力する
It's hard to find the motivation to work towards my goals.（目標に向かうモチベーションがなかなか上がらない。）

◆ A Dishonest Company　ブラック企業

135 cut labor costs
人件費を削減する

136 ensure（secure）a profit
利益を確保する

137 exploit [iksplɔ́it]	〔他〕～を搾取する，～を食い物にする **She realized that her youth was being** exploited. （彼女は，自分の若さが搾取されていることに気づいた。）
138 goal [góul]	（活動・計画，努力の）目標
139 target [tɑ́:rgit]	目標，（生産，貯蓄，努力の）到達目標
140 harass [hərǽs, hǽrəs]	〔他〕（嫌がらせなどで）～を悩ます〔苦しめる〕 **He** harassed **a neighbour with racist abuse.** （彼は近所の人に人種差別的な嫌がらせをした。） 派 **harassment**（ハラスメント，嫌がらせ）
141 lack of competence	無能さ，能力不足 **Your boss is constantly asking you to put out fires caused by his** lack of competence.（あなたの上司は自らの能力不足で起きたトラブルの解決を，いつもあなたに頼んでいる。）
142 low-wage work, low-wage labor	低賃金労働 **exploitation of** low-wage labor（低賃金労働の搾取）
143 pursue profit	（努力して）利益を追求する
144 remuneration [rimjù:nəréiʃən]	報酬 **The** remuneration **system became performance-related.**（報酬体系が業績連動型になった。）
145 set a quota	（販売などの）ノルマを課す 参 **meet a quota**（ノルマを達成する）
146 task [tǽsk]	課題
147 under negative conditions	悪い条件の下で **They are used to working** under negative conditions.（彼らは，悪い状況下での仕事に慣れている。）
148 work overtime	残業する work overtime **without pay**（サービス残業をする） **be forced to** work **unpaid** overtime（サービス残業を強いられる）
149 work under poor conditions	劣悪な環境下での労働

☐ 150	working life	職業人生 Her working life goes back as far as April 1956. （彼女の職業人生は，1956 年 4 月にまでさかのぼる。）
☐ 151	**working long hours**	長時間労働
☐ 152	**workload** [wɔ́ːrkloud]	仕事量 Employees with a heavy workload was given a bonus.（仕事量の多い社員には賞与が支給された。）

◆ Adverse Effects of Cognitive Dissonance　認知的不協和の弊害

☐ 153	**adjusting to one's situation**	つじつまを合わせること
☐ 154	**blaming others**	他責　参extrapunitive（他罰的な）
☐ 155	**efficiency** [ifíʃənsi]	効率 reduce efficiency（効率を低下させる） a decrease in efficiency（効率の低下） ⇔ inefficiency（非効率）
☐ 156	**excuse** [ikskjúːs]	言い訳 I was trying to think of a good excuse.（私はうまい言い訳を考えていた。）
☐ 157	**exhaust** [igzɔ́ːst]	[他] 〜を疲弊させる
☐ 158	**give up unconsciously**	無意識に諦める
☐ 159	hinder personal growth	個人の成長を阻害する
☐ 160	**loss of confidence**	自信喪失
☐ 161	**pass the buck to 〜 , shift blame to 〜**	責任を〜に転嫁する
☐ 162	**say things out of frustration**	悔し紛れに捨て台詞を言う
☐ 163	**stress** [strés]	ストレス

◆ To Avoid Cognitive Dissonance　認知的不協和に陥らないために

☐ 164	**a framework of thought**	思考の枠組み

46

¹⁶⁵ achievable [ətʃíːvəbl]	[形] 達成可能な **Before you set your targets, you should make sure that they are** achievable. （目標を設定する前に，その目標が達成可能かどうかを確認する必要がある。）
¹⁶⁶ analyze, analyse [ǽnəlàiz]	[他] ～を分析する **I tried to** analyze **my own feelings.** （私は自分の気持ちを分析しようとした。）
¹⁶⁷ **be honest with oneself**	自分の気持ちに正直になる **First, you should** be honest with yourself. （まず，自分の気持ちに素直になることだ。）
¹⁶⁸ challenge [tʃǽlindʒ]	[他] ～に疑問を投げかける，～に対して正当性を疑う，～に異議を唱える
¹⁶⁹ confidence [kánfədəns]	自信 **She had every** confidence **in her husband.** （彼女は夫に全幅の信頼を寄せていた。）
¹⁷⁰ confirm the situation	状況を確認する
¹⁷¹ counseling [káunsəliŋ]	カウンセリング
¹⁷² **doubt one's beliefs**	信念を疑う
¹⁷³ identify [aidéntəfài]	[他] ～を明らかにする；(本人であること) を確認する identify **the problem** （問題を特定する）
¹⁷⁴ lofty goal	高い（崇高な）目標
¹⁷⁵ mindfulness [máindfəlnis]	マインドフルネス ➡「マインドフルネス」は治療法や瞑想法の1つで，「意識を現在に集中すること」。今この瞬間の自分の身体，心，感情に意識を向けることで，穏やかな気持ちを生み出すことができるというもの。 Mindfulness **can be used to cope with anxiety and depression.** （マインドフルネスは，不安やうつに対処するために用いることができる。） 參 mindful of ～ （～を意識している，～を念頭に置いている）
¹⁷⁶ overcome [òuvərkám]	[他] ～を克服する overcome **one's weaknesses** （弱点を克服する）
¹⁷⁷ **paradigm of thought**	思考のパラダイム 參 paradigm （理論的枠組，実例）
¹⁷⁸ strengths and weaknesses	長所と短所

| 179 | therapy [θérəpi] | セラピー，心理療法 |
| 180 | thought process | 思考プロセス |

◆ Where to Place the Decision Criteria 判断基準をどこに置くか

181	likes and dislikes	好き嫌い Everyone has different likes and dislikes regarding food. （食べ物に関する好き嫌いは人それぞれだ。）
182	one's own way of thinking	自分自身の考え方
183	pleasure or displeasure	快不快
184	preference [préfərəns]	好み It's a matter of personal preference. （それは個人の好みの問題だ。） 派 preferable （選ぶに値する，望ましい）
185	right and wrong	善悪，正誤 a person's ability to judge between right and wrong （善悪の判断能力）
186	significance [signífikəns]	意味，重要性 We should be fully aware of the significance of internet in shaping our ideas. （私たちは，自分の考えを形成する上でのインターネットの重要性を十分に認識する必要がある。）

◆ A Rewarding Career やりがいのある仕事

187	a sense of accomplishment	達成感
188	a sense of fulfillment	充実感，達成感
189	commensurate with ～	～に見合った，～にふさわしい I think I am given a job commensurate with my abilities. （私は自分の能力に見合った仕事が与えられていると思う。）
190	rewarding [riwɔ́ːdiŋ]	[形] やりがいがある，報いのある，褒美となる
191	satisfaction [sæ̀tisfǽkʃən]	満足感 She got great satisfaction from teaching math. （彼女は数学を教えることに大きなやりがいを感じていた。）

MEMO

♪音声

Q | When do you feel a lot of pressure?(→ p.53)

1 ① "I'm not dissatisfied with my current job, but I'm not sure if it's right for me." "I'm kind of worried about getting a promotion." "I have a family now, and I'm being restricted by forces other than myself." "I can't put it into words, but I wonder if I can go on like
5 this." These are some of the worries and doubts that people start to have around their 30th birthdays, and they can be difficult to explain.

② However, many people in this age group **are expected** by their employers **to** become leaders and mentors to the younger
10 generation. They tend to have a lot of pressures at work and at home, and have many daily responsibilities. They seldom have the time to sort out their feelings.

③ The psychologist Daniel Levinson (1920-1994) **compared** life **to** the four seasons and believed that adult development also
15 goes through four stages. He stated that the time around age 30 is one of the transitional periods in early adulthood and is a time of instability. During this stage, people tend to ask themselves questions like "What are my strengths?" "Am I growing?" and "What do I really want to work for?" When considering these
20 questions, it is useful to have some sort of guide for organizing your priorities.

Words and Phrases

ℓ.3 other than oneself 自分自身以外の   ℓ.4 put ~ into words ～を言葉で表す

全訳

① 「今の仕事に不満があるというわけではないが，自分に合っているかどうかわからない。」「昇進することについて，ちょっと不安だ。」「今は家族もいるし，自分以外の力で制限を受けている。」「うまく言葉にできないが，このままでいいのだろうか。」これらは，30歳の誕生日前後に持ち始める悩みや迷いであり，説明するのが難しいことがある。

② しかし，この年代の人たちの多くは，会社から若い世代のリーダーやメンターになることを期待されている。彼らは職場や家庭で多くのプレッシャーを抱え，日常的に多くの責任を負っている傾向がある。気持ちを整理する時間はほとんどない。

③ 心理学者のダニエル・レヴィンソン（1920-1994）は，人生を四季に例え，大人の成長も4つの段階を経て進んでいくと考えた。30歳前後は成人前期における過渡期の一つであり，不安定さの時期であると述べている。この段階にいる間は，「自分の強みは何か？」「自分は成長しているか？」「自分は本当は何のために働きたいのか」といった自問自答をする傾向がある。これらの問いを検討する際には，優先順位をまとめるための指針のようなものがあると効果的だ。

Useful Expressions

② **be expected to *do*** …することを期待されている

Students **are expected to be** self-motivated.（学生は自主的に行動することが期待されている。）

③ **compare A to B** A を B に例える

We sometimes **compare** life **to** climbing a mountain.（私たちは，人生を山登りに例えることがある。）

♪音声

1 ④ MIT professor Edgar Schein (born 1928) came up with the concept of career anchors. This term describes the most important and non-changeable values a person has when shaping their career. He suggested that there are three areas — competence,
5 motives, and values — that form our career anchors, and these can be divided into eight themes that we can use as assessments when choosing a career. They are as follows:

Technical / Functional Competence

General Managerial Competence

10 Autonomy / Independence

Security / Stability

Entrepreneurial Creativity

Service / Dedication to a Cause

Pure Challenge

15 Lifestyle

⑤ This theory **is** especially **effective for** business people around age 30. That is because a person's career view is formed around this time, and their values will not drastically change even if their environment changes.

20 ⑥ If you can objectively analyze the values you prioritize, you can find clues to help plan your career development. Talking with counselors, colleagues, and family members can **help you** understand what you want to focus on as you advance in your career. Reflecting on the times you felt motivated and satisfied
25 can also give you useful ideas. This will guide you through your transition and prepare you for new turning points.

Words and Phrases

ℓ.10 autonomy   自律（性）   ℓ.17 career view   職業観

全訳

④　MITのエドガー・シャイン教授（1928年生まれ）は，キャリア・アンカーという概念を提唱した。この用語は，キャリアを形成する上でその人が最も重要視し，かつ不変の価値観のことである。彼は，キャリア・アンカーを形成するものとして，能力，動機，価値観の3つの領域があり，これらを8つのテーマに分類して，キャリアを選択する際の評価項目として用いることを提案した。それらは以下の通りだ。

専門・職能別能力

経営管理能力

自律・独立

保障・安定

起業家的創造性

奉仕・社会貢献

純粋な挑戦

生活様式（ワークライフバランス）

⑤　この理論は，特に30歳前後のビジネスパーソン**に有効だ**。なぜなら，その人の職業観はこの頃に形成され，環境が変わってもその価値観が一変することはないからだ。

⑥　自分が優先したい価値観を客観的に分析できたら，キャリアアップを計画するのに役立つ手がかりが見つかるはずだ。カウンセラーや同僚，家族などに相談**することで**，あなたがキャリアを向上させていく際に重視したいことが理解**できるようになる**。また，自分がやる気や満足感を感じた時のことを振り返ってみることも，有効なアイデアを得ることにつながる。これは，変化を切り抜け，新たな転機に備えるものになる。

A ｜ 質問：プレッシャーを感じるのはどんな時ですか。
｜ 例：I feel a lot of pressure when I have two tests on the same day. （同じ日に2つのテストがある時，プレッシャーを感じます。）

Useful Expressions

⑤　**be effective for ～**　～に効果がある，～に有効である

This medicine **is effective for** headaches and fever. （この薬は，頭痛や発熱に効果的だ。）

⑥　**S help 人 *do***　Sは人が…するのを助ける；Sによって人は…できるようになる

Eating healthily everyday can **help you lose** weight. （毎日健康的な食事をすることで，体重を減らすことができる。）

テーマ単語まとめ

♪音声

◆ Career Issues　キャリアの悩み

192 age group
年齢層，年代，年齢集団
This is a book for children in the 12-14 age group.（これは 12 〜14 歳の子ども向けの本だ。）

193 be dissatisfied with 〜
〜に不満がある
She is dissatisfied with the limited roles available to women.（彼女は女性の役割が限定されていることに不満を持っている。）

194 doubt
[dáut]
疑い，迷い
I have no doubt that you will succeed.（あなたが必ず成功すると信じている。）

195 mentor
[méntɔːr]
メンター，信頼のおける相談相手
A mentor is someone who offers his or her knowledge, wisdom, and advice to someone with less experience.（メンターとは，経験の浅い人に自分の知識や知恵，助言を提供する人のことだ。）

196 organize one's priorities
優先順位を整理する
In a task list, you can organize priorities by defining an order between tasks.（タスクリストでは，タスク間の順序を明確にすることで，優先順位を整理することができる。）
参 priority（優先事項）

197 restrict
[ristríkt]
[他]〜を制限する
I'm restricting myself to one can of beer a day.（私は 1 日 1 缶のビールに制限している。）
派 restricted（制限された）

198 sort out one's feelings　気持ちを整理する〔落ち着ける〕

◆ Thirtysomethings　30 代の人

199 ambitious
[æmbíʃəs]
[形]野心的な
An ambitious person is someone always striving to reach a goal.（野心家とは，常に目標に向かって努力する人のことだ。）

200 ☐	**biological clock**	体内時計，出産可能年齢，子どもが産めるタイムリミット **She felt her** biological clock **ticking.**（彼女は，自分の出産のタイムリミットが刻々と近づいているのを感じていた。）
201 ☐	**bootlicker** [búːtlɪkər]	ご機嫌取りをする人
202 ☐	**instability** [ìnstəbíləti]	不安定，変わりやすさ **mental〔emotional〕** instability（精神的〔感情的〕な不安定さ）⇔ **stability**（安定）
203 ☐	**invest in one's career**	キャリアに投資する **One way to** invest in your career **is to get a degree.**（キャリアへの投資として，学位を取得するのも一つの方法だ。）
204 ☐	**invest in one's lifestyle**	ライフスタイルに投資する **You're not just buying a home; you're** investing in your lifestyle.（あなたは単に家を買っているのでなく，ライフスタイルに投資しているのだ。）
205 ☐	**leisure time**	余暇時間 **What do you do in your** leisure time?（余暇時間に何をしていますか。）
206 ☐	**raise a family**	子どもを育てる Raising a family **is a positive challenge for most parents.**（子育ては，ほとんどの親にとって前向きな挑戦だ。）
207 ☐	**settle down**	身を固める，落ち着く；定住する **Eventually I want to** settle down **and have a family, but not yet.**（いずれは落ち着いて家庭を持ちたいが，まだだ。）
208 ☐	**slacker** [slǽkər]	仕事をいいかげんにする人，怠け者 **She is not a** slacker; **she just left the office early.**（彼女は怠け者ではない。ただ会社を早く出ただけなのだ。）
209 ☐	**social climber**	ソーシャルクライマー，立身出世を狙う野心家 Social climber **is someone who tries to improve their position in society by being friendly to people of a higher social class.**（ソーシャルクライマーとは，より高い社会階層の人々と親しくすることで，社会的地位を向上させようとする人のことである。）

²¹⁰ ☐ **worker bees** 働き蜂

A worker bee is a person who works very hard but who does not have a high position. （働き蜂とは，一生懸命に働くが，高い地位には就かない人のことである。）

²¹¹ ☐ **work-life balance** ワークライフバランス

Work-life balance means the relationship between the amount of time and effort that someone gives to work and the amount that they give to other aspects of life, such as their family. （ワークライフバランスとは，仕事に費やす時間や労力と，家族など他の生活面に費やす時間や労力の関係を意味する。）

²¹² ☐ **yes man** イエスマン

Yes man is someone who always agrees with people who have more power than they do, in order to please them. （イエスマンとは，自分より力のある人たちを喜ばせるために，いつもその人たちの意見に賛成する人だ。）

²¹³ ☐ **younger generation** 若い世代

If you're wondering how to work with the younger generation, then you are not alone. （若い世代と一緒に働くにはどうしたらいいか悩んでいるなら，それはあなただけではない。）
⇔ older generation （高齢世代）

◆ **The Concept of Career Anchors キャリア・アンカーという概念**

²¹⁴ ☐ **anchor**
[ǽŋkər]
拠り所，支え；錨（いかり），アンカー
My mother provided an emotional anchor for me. （母は私にとって心の拠り所だった。）

²¹⁵ ☐ **assessment**
[əsésmənt]
アセスメント，評価
careful assessment of new evidence （新たな証拠の慎重な評価）

²¹⁶ ☐ **career anchor**
キャリア・アンカー
➡個人がキャリアを選択，形成していく上で最も大切にする価値観のこと。エドガー・H・シャインによって提唱された。

²¹⁷ ☐ **competence**
[kámpətəns]
能力；適性
a person of integrity and high professional competence （誠実で専門的能力の高い人）

²¹⁸ motive
[móutiv]

動機
motives behind your application（あなたの志望動機）派 **motivation**（自発性，積極性）

---

²¹⁹ shape one's career

キャリアを築く〔形成する〕
the decision that can shape your career（キャリアを左右し得る決断）

キャリア・アンカー（Career Anchor）8つの分類

²²⁰ **Technical / Functional Competence**

専門・職能別能力
➡このキャリア・アンカーを持つ人は，特定の分野で自分の才能を発揮し，専門家（エキスパート）であることに幸せを感じる。

²²¹ **General Managerial Competence**

経営管理能力
➡このキャリア・アンカーを持つ人は，マネジメント（経営管理）を行う責任ある地位へ昇進し，一人ではできない大きな目的を果たすような仕事をすることに意義を見出す。

²²² **Independence**
[indipéndəns]

自律，独立
➡このキャリア・アンカーを持つ人は，仕事内容よりも，自分のやり方で仕事ができることに重きを置く。
My boss gives me a lot of independence **in attracting new clients.**（私の上司は新しい顧客を獲得する際，私に多くの裁量を与えてくれる。）

²²³ **Security / Stability**

保障・安定
➡このキャリア・アンカーを持つ人は，将来にわたって長く安定し，生活が保障されているキャリアを希望する。

²²⁴ **Entrepreneurial Creativity**

起業家的創造性
➡このキャリア・アンカーを持つ人は，創造的な作業に従事することが大事で，自身の努力の結果としてそれが評価されることに喜びを感じる。
参 entrepreneurial（企業家精神にあふれた）

²²⁵ **Service / Dedication to a Cause**

奉仕・社会貢献
➡このキャリア・アンカーを持つ人は，自分の仕事を通じて，何らかの形で世の中をよくしたいという欲求に基づいて，広く社会に貢献できる仕事に就くことを望む。cause は「（社会的な）信念，信条」の意味。（医療，看護，社会福祉，教育に関する仕事など。）
参 dedication（献身，熱心さ，専念，貢献）

226 **Pure Challenge**　純粋な挑戦
➡このキャリア・アンカーを持つ人は，困難な課題や障害を乗り越えることに価値を置くタイプ。より困難な問題に直面するような仕事を探していく傾向にある。

227 **Lifestyle**　生活様式，生き方
[láifstail]
➡このキャリア・アンカーを持つ人は，家族との生活や人生などさまざまなものを充実させたいと考え，個人のニーズ，家族のニーズ，キャリアのニーズを統合する柔軟な働き方（フレックスタイム，在宅勤務など）を望む。

◆ Career View Formation　キャリア観形成

228 **advance in one's career**　キャリアアップする，昇進する
≒ **climb the corporate ladder**（出世の階段を上る，とんとん拍子に出世する）

229 **get a promotion**　昇進する
My present objective is to get a promotion.
（私の現在の目標は，昇進することだ。）

230 **business people**　ビジネスパーソン，ビジネスピープル，実業家
➡単数形は business person。

231 **career development**　キャリアアップ；キャリア開発〔形成〕
Career development **is a progression through a series of jobs, each with more responsibility and a higher income than the last.**（キャリアアップとは，前職よりも責任ある仕事を任され，収入も上がるという一連の仕事を通じての流れである。）

232 **drastically change**　一変する，大きく様変わりする
Our communication tools have drastically changed **in the last twenty years.**（この20年で，私たちのコミュニケーションツールは大きく変わった。）

233 **transitional period**　過渡期
the transitional period **between preschools and elementary schools**（幼稚園と小学校の間の過渡期）

234 **turning point**　転機，岐路
Passing the exam was the turning point **in his life.**（試験の合格が，彼の人生の転機となった。）

58

Chapter 2
多様性と人財

さまざまなギャップを埋めるには?

あなたの身の回りにさまざまなギャップや分断が存在していることに気づいたことはありますか。代表的なギャップには**ジェンダー・ギャップ**（gender gap），**世代間の分断**（divisions between the generations）があります。

ジェンダー・ギャップについては，「グローバル・ジェンダー・ギャップ・レポート 2022」において，日本は「男女の**平等**（equality）」という点で，世界 146 カ国中 116 位というショッキングな順位が示されています。

性別による不平等をなくしていくためには，私たちが**自発的に**（voluntarily）自らの**偏見**（prejudices）を正し，社会が**成熟する**（mature）のが理想です。しかし，さまざまな偏見の要因となっている伝統的な**固定観念**（stereotype）の影響をなくすことはたやすいことではありません。現在，偏見によって機会を不当に制限されている女性の数を減らすために，**クオータ制**（quota system）の導入も必要だという意見があります。

デジタルネイティブ（digital natives）とデジタルイミグラント

（digital immigrants）という世代間の分断は，生まれた時代の影響を受けたものです。デジタルネイティブは，**デジタル技術**（digital technology）に囲まれて育ち，インターネットやスマホがない生活を知りません。一方，デジタルイミグラントは幼少期にはインターネットが普及しておらず，人生半ばからIT関連の知識や技術を身につけた世代です。両者が真に理解し合い助け合うことができたら，どのような**可能性**（possibilities）を生み出すことができるでしょうか。

そして，今は，**変動性**（volatility），**不確実性**（uncertainty），**複雑性**（complexity），**曖昧性**（ambiguity）の頭文字から成る**ブーカ**（VUCA）の時代と言われています。このような時代に，私たちは自分の**ドメイン**（domain）をどう定義するか，どこまで広げるかで，将来が変わると言えます。**人間らしさ**（a sense of humanity）を保ち，自分軸を立てて生きていくために，あなたは何年経っても通用するパーソナル・ドメインをどう定義し，どう拡大していきますか。

11 Being Human in Unpredictable Times (1)

予測不可能な時代を人間らしく生きる (1)

♪音声

Q What style of leadership would you like to adopt? (→ p.65)

1 ① We are living in an era of unprecedented rapid and unpredictable change. Although it seems that technology has made us more independent, we cannot survive alone. In these challenging and often stressful times, what kind of ideas,
5 capabilities and actions are needed if we are to retain our sense of humanity?

② According to a survey conducted by the Japan Business Federation (*Keidanren*) in 2018, companies that hire new graduates **place the highest priority on** the following abilities:
10 communication competency (82.4%), initiative and independence (64.3%), and a "can-do spirit" (48.9%). Communication competency, which is defined as "the ability to build relationships with others," has **topped the list** since 2004. This need for communication is natural, as one person cannot do their job alone.
15 ③ The second highest priority is initiative and independence. This is closely related not only to communication competency but also to leadership. In the past, leadership was thought of as "a strong and charismatic leader's ability to powerfully lead an organization." In recent years, however, attention has
20 shifted to "leadership by people without authority." This refers to a proactive use of one's strengths to get the most out of the organization to which one belongs, all while balancing everyone's values and beliefs.

Words and Phrases

ℓ.5 retain	～を保つ	ℓ.20 shift to ～	～へと移る [移行する]
ℓ.10 initiative	自発性		

全訳

① 私たちは今，前例のないほど急速で予測不可能な変化の時代に生きている。テクノロジーにより私たちはより自立したように思われるが，一人では生き延びることはできない。この困難でしばしばストレスが多い時代に，人間性（人間らしさ）を保つためには，どのような発想，能力，行動が必要なのだろうか。

② 日本経済団体連合会（経団連）が 2018 年に実施した調査によると，新卒を採用する企業は次の能力**を最も重視する**。すなわち，「コミュニケーション能力」（82.4%），「自発性・自立性」（64.3%），「やればできる精神（なせばなる精神，チャレンジ精神）」（48.9%）である。「他者との関係を構築する力」と定義される「コミュニケーション能力」は，2004 年以降，常に**首位を維持している**。コミュニケーションが必要とされるのは，一人では仕事ができないので当然のことだ。

③ 2番目に重視されている自発性と自立性とは，コミュニケーション能力はもちろんのこと，リーダーシップとも密接に関係がある。これまではリーダーシップというと，「強くてカリスマ性のあるリーダーが，組織を力強く先導していく」というイメージだった。しかし，近年では「権限のない人によるリーダーシップ」に注目が移っている。それは，所属するメンバー全員の価値観や信念のバランスをとりながら，所属する組織から最高の結果を引き出すために，自分の強みを積極的に活用することを指す。

Useful Expressions

② **place (a) high priority on ～**　～を非常に重んじる，～を重要視〔優先〕する

The president **places a high priority on** quality.（社長は品質を重要視〔優先〕している。）

② **top the list**　第一位である，一位を占める

I like many flavors of ice cream, but strawberry **tops the list**.（アイスクリームはいろいろな味が好きだが，いちばん好きなのはイチゴだ。）

2　多様性と人財

12 Being Human in Unpredictable Times (2)

予測不可能な時代を人間らしく生きる (2)

♪音声

④ Examples of this kind of leadership include smoothing out relationships, organizing discussions, encouraging freedom of expression, and fostering creativity when employees feel stuck. A leader who performs these duties may not **stand out** like a charismatic leader. However, they will help group members utilize their abilities and build relationships where the whole is greater than the sum of its parts. This is the kind of leadership that is required today.

⑤ This approach to leadership **is** also **related to** the spirit of altruism or selflessness. This is the idea that working with compassion for those around you will also bring happiness to you. In these chaotic times, people need to aim for collaboration by considering group member's thoughts and feelings and offering questions and constructive criticism. This should make it possible to enable everyone to utilize their strengths, which creates a cycle of happiness.

Words and Phrases

ℓ.3	foster	~を育てる	ℓ.9 approach to ~	~への取り組み〔方〕
ℓ.4	duty	義務, 職務	ℓ.11 compassion	思いやり, 同情
ℓ.7	sum of ~	~の合計〔全体〕	ℓ.14 constructive	建設的な

全訳

④ このようなリーダーシップの例としては，人間関係を円滑にする，議論をまとめる，表現の自由を促す，従業員が行き詰まっていると感じた時に創造性を発揮できるようにする，などが挙げられる。これらの役割を担うリーダーは，カリスマ的なリーダーほど**目立つ**存在ではないかもしれない。しかし，リーダーはグループのメンバーが能力を活用することができるようにし，全体が部分の総和を上回るような関係を構築する。これこそが，今求められているリーダーシップだ。

⑤ このリーダーシップの取り組み方は，利他・無私の精神とも**関連している**。周りの人を思いやりながら仕事をすることが，自分自身の幸せにもつながるという考え方だ。混沌とした時代だからこそ，メンバーの考えや気持ちを汲み取り，質問や建設的な批判をすることで，協働を目指す必要がある。そうすることで，皆が自分の強みを活用できるようになり，それが幸せの循環につながる。

A

質問：どのようなスタイルのリーダーになりたいですか。
例：I'd like to collaborate with my colleagues and help them make good use of their strengths.（他のメンバーと協力し，それぞれの強みを活かせるようにしたいです。）

Useful Expressions

④ **stand out** 目立つ

His bright shirt **stands out** in the picture.（彼の明るい色のシャツは写真の中で目立っている。）

⑤ **be related to ~** ～に関係している

High-calorie diets **are related to** being overweight〔obesity〕.（高カロリーの食事は太りすぎ〔肥満〕に関係している。）

テーマ単語まとめ

♪音声

◆ **Leadership of Our Time** 時代に求められるリーダーシップ

235 ☐	**altruism** [ǽltruːìzm]	利他主義 Altruism is a way of thinking that shows you care about other people even though this brings no advantage to yourself.（利他主義とは，自分には何のメリットもないのに，相手のことを思いやるという考え方である。）
236 ☐	**a sense of humanity**	人間性，人間らしさ People look to a deeper sense of humanity in times of disaster.（人は災害時に，より深い人間性に目を向けるものだ。） ≒ humanity
237 ☐	**balance** [bǽləns]	［他］〜のバランスをとる They have to find some way to balance these two needs.（彼らはこの2つのニーズのバランスをとる何らかの方法を見つけなければならない。）
238 ☐	**build relationships with others**	他者と関係を構築する Our ability to build relationships with others can determine our success in our workplaces.（他者と関係を築く能力は，職場における成功を左右するものだ。）
239 ☐	**capability** [kèipəbíləti]	能力 physical and mental capability（運動能力と知力）
240 ☐	**charismatic** [kæ̀rizmǽtik]	［形］カリスマ性を持った A charismatic person is someone who attracts, influences, and inspires others through his or her qualities.（カリスマ性をもった人とは，その人の資質によって人を惹きつけ，影響を与え，奮い立たせる人のことだ。）
241 ☐	**collaboration** [kəlæ̀bəréiʃən]	協働，協力，共同制作 His recent book was written in collaboration with a famous poet.（彼の近著は著名な詩人との共著である。）

242 communication competency		コミュニケーション能力 Communication competency is the ability for someone who is communicating with another to reach their goals through appropriate interaction.（コミュニケーション能力とは，他者とコミュニケーションをとる人が，適切なやりとりを通じて，自分の目標に到達するための能力のことである。）
243 get the most out of ～		～を最大限活用する This is advice on how to get the most out of your computer.（これは，パソコンを最大限に活用するためのアドバイスだ。）≒ make the most of ～
244 **have no authority to** ***do***		…する権限がない He had no authority to make statements.（彼には発言権がなかった。）参 authority（権限）
245 selflessness [sélflisnis]		無私，無欲 Selflessness means caring about other people's needs and problems more than about yourself.（無私とは，自分のことよりも他人のニーズや問題を気にかけることである。）
246 smooth out ～		～を円滑にする，（問題）を片付ける She tried to smooth things out with her daughter-in-law.（彼女は嫁との関係を円滑にしようとした。）
247 **unauthorized** [ʌnɔ́:θəraizd]		［形］権限のない；正式に許可されていない
248 utilize one's ability		～の能力を活用する There had not been an opportunity to utilize his ability for work.（これまで，彼の能力を仕事に生かす機会がなかった。）

◆ Initiative　イニシアティブ

249 **ambition** [æmbíʃən]		野望，大望 Her ambition was to become a millionaire.（彼女の野望は，億万長者になることだった。）派 ambitious（野心的な）
250 **can-do attitude**		やる気のある態度，やればできるという気持ち He has a can-do attitude and knows how to work with others to get things done.（彼は実行力があり，他人と協力して物事を成し遂げる方法を知っている。）

₂₅₁ **can-do spirit**	やればできる精神，やる気	
	They have lost the can-do spirit.（彼らはやる気を失ってしまった。）	
₂₅₂ **confident** [kάnfədənt]	[形] 自信に満ちた，確信して	
	The leader is confident of success.（そのリーダーは成功を確信している。）	
₂₅₃ **dynamic** [dainǽmik]	[形] 力強い，活動的な，行動的な	
	We're looking for someone positive and dynamic.（我々は前向きで行動力のある人を求めている。）	
₂₅₄ **enterprise** [éntərpràiz]	進取の気性，企画力，冒険心	
	➡新しく効果的なことを考え，リスクがあってもそれを成功させる能力。	
₂₅₅ **enterprising** [éntərpràiziŋ]	[形] 進取の気性に富んだ	
	a lively, affectionate, and enterprising character（にぎやかで愛情深く，進取の気性に富んだ人物）	
₂₅₆ **enthusiasm** [inθú:ziæ̀zm]	熱心，熱意，強い関心	
	one's enthusiasm for music（音楽への熱意）	
₂₅₇ **enthusiastic** [inθù:ziǽstik]	[形] 熱心な	
	All the staff were enthusiastic about the project.（スタッフは皆，このプロジェクトに熱心だった。）	
₂₅₈ **get-up-and-go**	覇気，積極性，熱意	
	He has a lot of get-up-and-go.（彼はやる気にあふれている。）	
₂₅₉ **ingenuity** [ìndʒənjú:əti]	創意工夫；創意あふれるアイデア	
	Ingenuity is a skill at inventing things and thinking of new ideas.（創意工夫とは，物事を創り出したり，新しいアイデアを考えたりする能力のことだ。）	
₂₆₀ **inventive** [invéntiv]	[形] 独創的な，創意に富んだ	
	be inventive with cooking（料理に工夫を凝らす）	
₂₆₁ **poise** [pɔ́iz]	落ち着き，冷静	
	Ruth seems to have poise.（ルースは，落ち着いているようだ。）	
₂₆₂ **poised** [pɔ́izd]	[形] 落ち着いた	
	She appeared poised and calm.（彼女は落ち着いて穏やかに見えた。）	

263 resolution [rèzəljúːʃən]	（…をする）決意 I made a resolution to lose weight before summer. （夏までに痩せようと決意した。）	
264 resolve to *do*	…しようと決意する He resolved to marry her by any means. （彼は，何としても彼女と結婚しようと決意した。）	
265 resourceful [risɔ́ːrsfəl]	[形] 臨機の才のある，機知に富んだ His mother was a resourceful and energetic woman.（彼の母親は機知に富み，エネルギッシュ な女性だった。）	
266 self-assured	[形] 自信のある，物怖じしない a self-assured and mature student（自信に満ち 溢れた大人な学生）	
267 self-determination	自主的決定，自己決断 We tend to like self-determination and flexibility. （私たちは，自己決定や柔軟性を好む傾向にある。） 派 self-determined（自己決定による）	
268 self-government	自制，克己 派 self-governed（自己決定する，自制する）	
269 self-reliance	自立，独立独歩 People in those days learned self-reliance because they had to.（当時の人たちは，必要だ から自立を学んだ。） 派 self-reliant（自立的な，人の厄介にならない）	
270 self-sufficiency	自立，自己完結，自己満足 ➡他人の助けを借りずに自分の面倒を見たり，問題に 　対処したりすることができる性質のこと。 She encouraged self-sufficiency in her daughters. （彼女は娘たちに自立を促した。）	
271 self-sufficient	[形]（感情面・知的面で）自立心のある；自給 自足できる	
272 tenacious [tənéiʃəs]	[形] 粘り強い a tenacious opposition to the new airport（新空 港への粘り強い反対運動）	
273 tenacity [tənǽsəti]	粘り強さ Talent, hard work and tenacity are all important for career success.（キャリアを成功させるため には，才能，努力，粘り強さ，すべてが重要だ。）	

◆ Modern Trends 現代の潮流

274 challenging
[tʃǽlindʒiŋ]

[形] 困難な，困難だがやりがいのある
➡能力や決意を試すような意味で「困難な」の意味。
This has been a challenging time for all of us.（私たち全員にとって困難だがやりがいのある時間だった。）

275 chaotic
[keiɑ́tik]

[形] 混沌とした，無秩序な
The situation at the border was chaotic, with thousands of refugees.（国境には数千人の難民がおり，状況は混沌としていた。）
派 **chaos**（混沌，大混乱）

276 stressful
[strésfəl]

[形] ストレスの多い
a stressful job（ストレスの多い仕事）

277 stuck
[stʌ́k]

[形]（勉強などで）行き詰って，お手上げ状態で
They got stuck in a traffic jam.（彼らは交通渋滞で動きが取れない。）

278 survive
[sərvάiv]

[自] 生き延びる
the amount of money that a family needs each week just to survive（家族が1週間ただ生き延びるために必要な金額）

279 unprecedented
[ʌnprésidəntid]

[形] 前例のない，前代未聞の
We are living in unprecedented times.
（私たちは今，前例のない時代に生きている。）

280 unpredictable
[ʌ̀npridíktəbl]

[形] 予測できない
the unpredictable weather in the mountains
（山の予測不可能な天候）

MEMO

13 Closing the Gender Gap in Japan (1)
日本におけるジェンダーギャップの解消 (1)

♪音声

Q │ Should quota systems be mandatory in Japanese companies?
(→ p.75)

1 ① According to the *Global Gender Gap Report 2022*, Japan **ranked 116th** out of 146 countries in terms of equality for women. As the world's third largest economy, this is a shocking statistic and puts Japan behind not only other G7 nations but also East
5 Asian neighbors like China and South Korea.

② The report identified some key problem areas in Japanese society. First, when compared to most other high- and middle-income countries, Japan has an extremely low number of women **participating in** politics, both at the regional and national
10 levels. Japan has never had a female prime minister. Traditional stereotypes of women in caretaker roles such as teachers, receptionists and nurses still exist. Furthermore, wage equality and the percentage of women in managerial positions are far below the global average, with a mere 8.1% of companies having a
15 female president in 2021.

③ The goal is for people to voluntarily correct their own prejudices, but this will take time. In the meantime, to reduce the number of women who are affected by prejudice, it would be effective to introduce a quota system or other means of assistance.

Words and Phrases

ℓ.3	statistic	統計資料，統計値	ℓ.9 regional	地域の
ℓ.4	not only ~ but also ...		ℓ.14 mere	ほんの，たったの
		~だけでなく…も	ℓ.16 voluntarily	自発的に，任意に
ℓ.7	high-income	高所得の	ℓ.17 prejudice	偏見，先入観
ℓ.7	middle-income	中所得の	ℓ.18 be affected	影響されている
ℓ.8	extremely	極端に，非常に		

全訳

①　グローバル・ジェンダー・ギャップ・レポート 2022 によると，日本は，女性の平等という点で，146 カ国中 **116 位**だった。世界第 3 位の経済大国である日本にとって，これは衝撃的な統計値であり，日本は他の G7 諸国だけでなく，中国や韓国といった東アジアの近隣諸国にも遅れをとっている。

②　同レポートでは，日本社会におけるいくつかの重大な問題点が明らかにされた。まず，他の多くの高所得，中所得の国々と比較すると，日本は地域レベルでも国レベルでも政治**に参画する**女性の数が極めて少ない。また，日本ではこれまで一度も女性の首相が誕生したことがない。教員，受付係，看護師など女性は世話をする役割を担うという伝統的な固定観念（ステレオタイプ）がいまだに存在している。さらに，賃金の平等性や女性の管理職比率は世界平均を大きく下回っており，2021年に女性が社長である企業はわずか 8.1% にとどまっている。

③　人々が自発的に自らの偏見を正すことが目標だが，それには時間を要する。当面，偏見の影響を受けている女性の数を減らすために，クオータ制などの援助の導入が有効であろう。

Useful Expressions

①　**rank ～**　～にランク付けされる

'～' には first, second, third, fourth など序数詞（○番目の～）が続く。
He **ranks second** in the league for pitching.(彼は投手ではリーグ 2 位だ。)

②　**participate in ～**　～に参画（参加）する

I often **participate in** activities with my neighborhood association.
（町内会の活動にはよく参加している。）

14 Closing the Gender Gap in Japan (2)
日本におけるジェンダーギャップの解消 (2)

♪音声

1　(③ 続き)　Many other countries have increased the percentage of women in management and politics through quota systems, which **demand** a certain percentage of positions go to women. Without this opportunity, there can be no economic or social growth. The
5　change is a two-way street, though: if there is no economic or social growth, there will be no new opportunity. If women are given the chance to thrive, women will grow, and Japan will be socially and economically revitalized.

④　What level of equality and participation is ideal?　What
10　level should quotas be set at, if necessary, and should they be temporary or permanent?　Should the number of women in certain fields (such as those caretaker roles mentioned above) be reduced?

⑤　We should also consider the reality of life around us.　Which
15　are the "real" barriers to the average woman in Japan, and which are imagined?　It is important to identify and question customs, stereotypes, and our own assumptions that are **obstacles to** this problem.

⑥　The growth of opportunities for women is a fight that all
20　people in Japan must **be engaged in** for this society to mature and prosper in the future.　By setting realistic targets, and not rushing forwards without considering all the risks, the current situation will certainly change.

Words and Phrases

ℓ.5	two-way street	両方向に働くもの	
ℓ.7	thrive	成功する，繁栄する	
ℓ.14	reality of life	世の中の現実	
ℓ.17	assumption	思い込み	

全訳

（③ 続き） 他の多くの国でも，一定の割合で女性に役職を与えること**を要求する**クオータ制によって，経営や政治における女性の割合が増加している。このような機会がなければ，経済や社会の成長はあり得ない。しかし，変化は双方向に起こるものだ。経済や社会の成長がなければ，新たなチャンスも生まれない。 女性に活躍する機会が与えられれば，女性が成長し，日本は社会的，経済的に活性化するだろう。

④ どの程度の平等と参加が理想的か。必要であれば，どの程度のクオータ制を導入すべきか，また，それは一時的なものであるべきか，恒久的なものであるべきか。特定の分野（例えば前述の世話をする役割の人材など）における女性の数を減らすべきか。

⑤ 私たちの周りの世の中の現実も考慮する必要がある。日本の平均的な女性にとって，何が「現実」の障壁で，何が想像上のものなのか。その問題**の障害**となっている習慣や固定観念（ステレオタイプ），自分自身の思い込みを見極め，疑問を持つことが大切だ。

⑥ 女性の活躍の場を広げることは，この社会が将来成熟し繁栄していくために，日本に住むすべての人が**取り組むべき**戦いだ。現実的な目標を設定し，あらゆるリスクを考えずに突進してしまわないようにすることで，現状は確実に変化していく。

A 質問：日本企業でもクオータ制を義務付けるべきでしょうか。
例：Yes. Otherwise it is difficult to increase the percentage of women in management. （はい。そうしないと女性管理職の比率を上げることは困難です。）

Useful Expressions

③ **demand ～** ～を要求する

The police **demand** my presence at court next week. （警察は来週，私が裁判所へ出頭するようを要求している。）

⑤ **obstacle to ～** ～の障害

obstacle to growth〔progress；motion〕で「成長〔進歩；運動〕の障害（となるもの）」の意味。
We should eliminate **obstacles to** progress one by one. （進歩の障害となるものは，一つずつなくしていくとよい。）

⑥ **be engaged in ～** ～に従事する，～に取り組む

I've **been engaged in** a DIY project at home all weekend. （週末はずっと自宅で DIY に取り組んでいる。）

テーマ単語まとめ

♪音声

◆ Disparity and Equality 格差と平等

281 empowerment
[impáuərmənt]

エンパワーメント，権限をもたせること
The core of empowerment lies in the ability of a person to control their own destiny.（エンパワーメントの核心は，人が自分の運命をコントロールできる能力にある。）

282 women's empowerment

女性のエンパワーメント，女性の社会的地位向上
＝ empowerment of women

283 equality
[ikwáləti]

平等

284 gender
[dʒéndər]

ジェンダー
➡社会的性差のこと。

285 gender balance

ジェンダーバランス
➡人材の選考などにおける，男女数の均等。
🔖gender-balanced（男女の数が釣り合った）

286 gender bias

性差別，性差に関する偏見
➡人や社会が男女の役割について（無意識に）思い込みや偏見を持つこと。
🔖bias（偏見，先入観）（≒ prejudice）

287 gender discrimination

性別による差別，男女差別
We must change the system that encourages gender discrimination.（私たちは，男女差別を助長するような制度を改めるべきだ。）

288 gender disparity

ジェンダー格差，男女間格差

289 gender gap

ジェンダー格差，男女間格差

290 gender equality

男女平等，男女同権

291 gender mainstreaming

ジェンダー・メインストリーミング
➡計画や政策を立てる際に，男女両方のニーズや利益を取り入れること。

292 gender-neutral

［形］男女の区別のない，性別不問の
➡男女の性差のいずれにも偏らない考え方のこと。
gender-neutral terms like chairperson and police officer（chairperson や police officer など，性別を問わない用語）

76

²⁹³ **gender-based**
[形] 性別に基づく
a clear gender-based constraint to economic activity（経済活動に対する明確な性別による制約）

²⁹⁴ **gender-based violence** 性別に基づく暴力
➡ ジェンダーに基づき，相手の意志に反して害を与える行為全般を意味する用語。身体的暴力のみならず，心理的暴力，経済的虐待なども含む。

²⁹⁵ **gender-blind**
[形] 男女の性差のない，性別の境界のない，ジェンダーフリー
"Gender-blind" is a term that refers to not considering whether someone is male or female when making a decision.（「ジェンダーフリー」とは，意思決定をする際に相手が男性か女性かを考慮しないことを指す言葉だ。）

◆ Empowerment of Women　女性の地位向上

²⁹⁶ **balancing work and family** 仕事と家庭の両立

²⁹⁷ **equal opportunity** 機会均等
➡ すべての人や組織に対して機会を平等に与えること。

²⁹⁸ **equal pay for equal work** 同一労働同一賃金

²⁹⁹ **equality under the law** 法の下の平等
= equality before the law

³⁰⁰ **glass ceiling** グラスシーリング，ガラスの天井
➡ 組織内において，能力があったり，成果を出しているにもかかわらず，性別や人種などを理由に昇進を阻まれてしまう状態のこと。

³⁰¹ **global average** 世界平均

³⁰² **average**
[ǽvəridʒ]
[形] 平均的な
average wage for women（女性の平均賃金）

³⁰³ **incentive**
[inséntiv]
インセンティブ，報奨金
Generous financial incentives are paid to companies to improve the environments and working conditions of their employees.
（従業員の働く環境や労働条件を改善するために，企業に対して手厚い金銭的インセンティブが支払われる。）

304 □	**legal binding force (power)**	法的拘束力
305 □	**management** [mǽnidʒmənt]	経営
306 □	**managerial position**	管理職 **women in** managerial positions（女性管理職） ≒ **management position**
307 □	**mature** [mətjúər]	［形］成熟した
308 □	**numerical target**	数値目標 **set** numerical targets **for hiring women**（女性採用の数値目標を設定する）
309 □	**participation of women**	女性の参画 ＝ **women's participation**
310 □	**politics** [pálətiks]	政治 **company** politics（社内政治）
311 □	**positive action**	積極的差別是正措置（ポジティブ・アクション） ≒ **affirmative action**（積極的差別〔格差〕是正措置，アファーマティブ・アクション） ➡人種や性別などの理由で伝統的に不当な扱いを受けてきた人々が，教育や雇用などを受けられるようにするための行動。 ≒ **positive discrimination**（積極的差別）少数民族や女性に対する差別状況を是正するために行われる差別。
312 □	**quota system**	クオータ制 ➡人種や性別，宗教などを基準に，一定の比率で人数を割り当てる制度のこと。
313 □	**raise awareness**	意識を啓発する，関心を高める raise awareness **of**〔**about**〕**food loss**（食品ロスに対する関心を高める）
314 □	**realistic target**	現実的な目標 **set a** realistic target（現実的な目標を定める）
315 □	**reverse discrimination**	逆差別 reverse discrimination **in favour of children from poor backgrounds**（貧困層の子どもを優遇する逆差別）
316 □	**revitalize** [rìváitəlaiz]	［他］〜を活性化する **The local economy was** revitalized.（地域社会が活性化した。）

317 ☐	**traditional gender role**	伝統的な男女の役割 Traditional gender role beliefs are more strongly endorsed by men than women.（伝統的な性別役割分担の信念は，女性よりも男性に強く支持されている。）
318 ☐	**voluntarily** [vàləntéərəli]	［副］自発的に Women should voluntarily remove themselves from patriarchal society.（女性は家父長制社会から自発的に脱却すべきである。） ⇔ involuntarily（不本意に）
319 ☐	**wage equality**	賃金の平等性

◆ **Viewpoints for Discussion** 議論の視点

320 ☐	**common sense**	常識 common sense of the common people（一般の人々の常識）
321 ☐	**preconceived idea**	先入観 preconceived ideas about female roles（女性の役割に関する先入観）
322 ☐	**prejudice** [prédʒudis]	偏見 Misogyny is hatred of, contempt for, or prejudice against women.（ミソジニー（女性嫌悪（蔑視））とは，女性に対する憎悪，蔑視，偏見のことだ。）
323 ☐	**received idea**	既成概念 ➡社会で広く認められている考え方のこと。
324 ☐	**stereotype** [stériətàip]	固定観念，ステレオタイプ The stereotype about a woman getting married and bearing children should end.（女性は結婚して子どもを産むべきという固定観念は終わりにしなくてはならない。）
325 ☐	**permanent** [pə́:rmənənt]	［形］恒久的な the right of permanent residence（永住権）
326 ☐	**temporary** [témpərèri]	［形］一時的な temporary worker（臨時〔パートタイム〕職員） ⇔ permanent worker（無期雇用職員，正規職員）
327 ☐	**reality of life**	生活上の現実 the reality of married life（結婚生活の現実）
328 ☐	**take a familiar illustration**	身近な例を挙げる

> **Q** Are you a digital native or digital immigrant? Why do you think so? (→ p.83)

① Human societies have always **struggled with** inequality because wealth, class, race and religion have divided people throughout history. While we have made progress in overcoming some of these divisions, the twenty-first century has brought us an unexpected new barrier: technology. This can be easily seen in the divide between digital natives and digital immigrants.

② First appearing in 2001, the term digital native describes those people who have grown up **surrounded by** digital technology. This generally means the generation known as Millennials, who were born in the 1980s and 1990s, and those born after this. Digital natives have never known a life without the Internet. This contrasts with "digital immigrants," the older generations that have adapted to this digital environment through learning.

③ These different backgrounds can lead to deep divisions between the generations regarding technology. Some digital immigrants may see technology as a fundamental part of their lives, but still prefer face-to-face conversations to text-messages. On the other hand, digital natives are more likely to prefer online communication, solving problems by trial and error. Flexible work routines that allow for multitasking and an egalitarian workplace are also important.

Words and Phrases

ℓ.1 inequality	不平等	ℓ.14 lead to ~	~につながる
ℓ.6 divide between ~	~の間の格差	ℓ.15 regarding	~に関して
ℓ.12 contrast with ~	~と対照を成す	ℓ.19 work routine	日常業務, 仕事の手順
ℓ.13 adapt to ~	~に順応する	ℓ.20 egalitarian	平等主義的な

全訳

① 　人間社会は，その歴史を通して富や階級，人種，宗教によって人々が分断され，常に**不平等と闘ってきた**。このような分断を克服する点において我々は前進してきたものの，21世紀は技術という予期せぬ新たな障壁をもたらした。このことは，デジタルネイティブとデジタルイミグラントの間の格差に端的に現れている。

② 　2001年に登場したデジタルネイティブという言葉は，**デジタル技術に囲まれて**育った人たちを指す。一般的には，1980年代から1990年代にかけて生まれたミレニアルズと呼ばれる世代と，それ以降に生まれた世代を指す。デジタルネイティブは，インターネットがない生活を知らない。これに対して，学習によってこのデジタル環境に順応してきたそれより年上の世代を「デジタルイミグラント」と呼ぶ。

③ 　このような背景の違いは，技術に関する世代間の深い溝を生むことがある。デジタルイミグラントは技術を生活の基本的な部分とみなしながらも，文字メッセージよりも対面で会話することを好む人もいる。一方，デジタルネイティブは，オンラインでのコミュニケーションを好み，試行錯誤して問題を解決することを好む。一度に複数の仕事をこなすことを可能にする柔軟な日常業務と平等主義的な職場も大切だ。

Useful Expressions

① **struggle with ～**　～で苦労する，～に奮闘する

Bob has **struggled with** a learning disability since elementary school.（ボブは小学生の頃から学習障害で苦労してきた。）

② **be surrounded by ～**　～に囲まれている

本文は‘付帯状況’の分詞構文 being surrounded by ～ の being が省略された形。grow up surrounded by ～ で「～に囲まれて育つ」という表現になっている。

Students learn better when they **are** not **surrounded by** distractions such as video games and TV.（生徒はビデオゲームやテレビなど，気が散るものに囲まれていない方が，よりよく学習できる。）

81

16 Digital Natives — Divisions Between the Generations (2)

デジタルネイティブ — 世代間の分断 (2)

♪音声

1 ④　**Given** the current gap between digital natives and digital immigrants, how can we use education to promote smoother interactions in the future? **It's clear that** mutual understanding is important. Our rapidly changing society affects the whole
5 population and digital natives must learn to work together with a diverse range of values and cultures. Digital immigrants are a part of this diverse cultural spectrum.

⑤　Young people need to understand that it is not easy for older people to adapt quickly. At the same time, the older generation
10 must accept that the world has changed faster than anyone had predicted. If we could create opportunities where both groups can learn from each other and collaborate, this could be the key. Education can be centered not just around speed and productivity, but also around respecting values and diversity in the way we
15 process problems.

⑥　The battle between generations is not a new problem. Our challenge is to reduce this friction in order for all of us to benefit from technology in the future.

Words and Phrases

ℓ.3　mutual understanding
　　　　　　相互理解
ℓ.7　spectrum　　範囲, 幅

ℓ.13 S be centered around ~
　　　Sの中心は~である, Sは~を中心に展開される
ℓ.18 benefit from ~　　~の恩恵を受ける

82

全訳

④　デジタルネイティブとデジタルイミグラントの間の現状のギャップ**を踏まえる**
と，より円滑な交流を図るために今後どのように教育を活用していけばよいのだろ
うか。相互理解が重要であること**は言うまでもない**。急速に変化する社会は国民全
体に影響を及ぼしており，デジタルネイティブは多様な価値観や文化を持つ人々と
一緒に働くことを学ばなければならない。デジタルイミグラントは，この多様な文
化的範囲の一部分なのだ。

⑤　若者は，年長者がすぐに適応するのは容易ではないことを理解する必要がある。
同時に年長者は，世界は予想もつかない速さで変化したことを受け入れる必要があ
る。両者が互いに学び合い，協働し得るような機会を作ることができれば，それが
解決のかぎとなるかもしれない。教育は，単にスピードや生産性だけでなく，価値
観や多様性を尊重して問題を処理していくことをその中心に据えることができるの
だ。

⑥　世代間の争いは，今に始まったことではない。私たちの課題は，将来的に私た
ち全員が技術の恩恵を受けるために，このような摩擦をいかに少なくするかという
ことだ。

A
質問：あなたはデジタルネイティブですか，それともデジタルイミグラントですか。
　　　なぜそう思うのですか。
例：I think I am a digital native, because I have grown up surrounded by
　　digital technology, and I use the Internet and social media every day.(私
　　はデジタルネイティブだと思います。というのもデジタル技術に囲まれて育っ
　　てきましたし，インターネットと SNS を毎日使っているからです。)

Useful Expressions

④　**given ～**　**～を前提とすると，～を考えると（= considering ～）**

Given his background, this salary is fair. （彼の経歴を考えると，この給料
は妥当だ。）

④　**it's clear that...**　**…は明らかだ，…は間違いない**

When comparing Japan to other G20 countries, **it's clear that** Japan
lags in English language ability. （日本と他の G20 諸国を比較すると，日本
の英語力の低さは明らかである。）

2

多様性と人財

83

17 Digital Natives — Generation Gap Between Parents and Children (1)

デジタルネイティブ ― 親世代と子ども世代のギャップ (1)　♪音声

Q Do you think digital immigrants can learn from digital natives, and vice-versa? (→ p.87)

1 ① During the COVID-19 pandemic, the digital native generation was better at using online tools to communicate with other people. Digital natives also **found themselves** helping digital immigrants more than usual. However, differences in communication methods
5 remained between the two groups. For example, the groups tended to choose different methods in response to the question, "Do you report school absences using the telephone or the LINE smartphone app?"

② Computer-based study and online lessons are not uncommon
10 in schools. However, there are gaps in awareness between teachers and students, and between parents and children. Some of the concerns from teachers and parents are as follows:

— Children use the Internet to look things up and chat with friends while they study. Parents wonder if their children are wasting
15 their time. Are they really learning? Are they thinking deeply? And how can adults check on their progress?

— The style of learning where AI gives students assignments is becoming more common. Students do not have to search for ways to achieve their goals and objectives because the AI algorithm
20 does that automatically. **Under these circumstances**, can students develop the ability to determine the distance between their current situation and their goals?

Words and Phrases

ℓ.2 online	オンライン	
ℓ.2 communicate	コミュニケーションをする	
ℓ.4 communication method	コミュニケーション手段	
ℓ.13 look ~ up	~を調べる	
ℓ.16 check on ~	~を確認する	
ℓ.21 determine	~を特定する，~を割り出す	
ℓ.21 current	現在の	

全訳

① COVID-19の大流行時に，デジタルネイティブ世代はオンラインツールを使って他の人とコミュニケーションをすることに長けていた。また，デジタルネイティブ世代は，**自分たちが**通常よりもデジタルイミグラント世代の助けになっ**ていることがわかった**。しかし，コミュニケーションの方法については，依然として両者の間に違いが残った。例えば，「電話とスマートフォンアプリの LINE のどちらで学校の欠席を連絡するか」という質問に対して，両グループはそれぞれ異なる方法を選択する傾向があった。

② 学校でコンピュータを利用しての学習やオンライン授業は珍しくない。しかし，教師と生徒，保護者と子どもの間には，意識において隔たりがあるのが現状だ。教師や保護者の関心事には，次のようなものがある。

― 子どもたちは，勉強している間にインターネットで調べ物をしたり，友達とチャットしたりしている。親は，子どもたちが時間を無駄にしていないか心配している。本当に勉強しているのだろうか。深く考えているだろうか。また，大人はどのように彼らの進捗を確かめることができるのだろうか。

― AI が生徒に課題を与える学習形態がより一般的になりつつある。生徒は，自分の目標や目的を達成する方法を探す必要がない。AI アルゴリズムが自動的にその方法を探してくれるからだ。**このような状況下で**，生徒は自分の現在の状況と目標との距離を特定する力を身につけることができるのだろうか。

Useful Expressions

① **find oneself** *doing* 気がつくと…している，自分が…しているのに気づく

I **found myself researching** for three hours without a break.（私は，休憩なしで3時間調べ物をしていることに気づいた。）

② **under these circumstances** このような状況下で，こういう事情で

The COVID-19 pandemic caused disruptions in school scheduling. **Under these circumstances**, students were more likely to study online.（COVID-19 の大流行により，学校のスケジュールに混乱が生じた。このような状況下で，生徒はオンラインで勉強することが増えた。）

1　③　On the other hand, young people have the following concerns:
— Students are told by teachers and parents that it is better to study using paper books and handouts, and to use paper dictionaries instead of electronic ones. But what exactly is wrong
5　with studying using computers and smartphones? For example, many teachers feel that using paper dictionaries aids in retention of new vocabulary. However, isn't it possible that digital natives don't require additional help in remembering vocabulary?
— Teachers tell students to talk to someone who knows about a
10　subject or read a book about it **instead of** going straight to the Internet to look it up. Why do adults say this, and what are the benefits of talking to someone or reading books **as opposed to** using the Internet?
— Teachers and parents think that students' well-rounded
15　communication skills are declining because of digitization. Can't technology help students understand other people's opinions and organize their thoughts better?
④　If digital natives and digital immigrants can truly understand and help each other, they could create new strengths and
20　possibilities by inspiring one another.

Words and Phrases

ℓ.3 paper book	紙の本	ℓ.15 decline	低下する
ℓ.6 aid in ~	~に役立つ	ℓ.17 organize	~を体系化する
ℓ.10 go straight to ~	~に直行する	ℓ.20 inspire	~を触発する, ~をひらめかせる

全訳

③　一方，若者たちは次のような懸念を抱いている。

— 生徒は，教師や親から「紙の本やプリントを使って勉強した方がいい」「電子辞書ではなく，紙の辞書を使った方がいい」と言われている。しかし，コンピュータやスマートフォンを使って勉強することの正確には何がいけないのだろうか。例えば多くの教師は，紙の辞書を使うことで，新しい語彙の定着に役立つと感じている。しかし，デジタルネイティブの場合，単語を覚えるのにさらなる手助けを必要としないという可能性はないだろうか。

— 教師は生徒に，すぐにインターネットで調べる**のではなく**，そのテーマについて知っている人と話をしたり本を読んだりするように勧めてくる。なぜ大人はそう言うのか，また，インターネットを使うの**とは違う**，誰かと話をしたり，本を読んだりすることのメリットは何なのか。

— 教師や親は，生徒の豊かなコミュニケーション能力がデジタル化によって低下しつつあると考えている。科学技術は，生徒が他の人の意見を理解し，自分の考えをよりよくまとめるのに生徒の助けとなり得ないのだろうか。

④　デジタルネイティブとデジタルイミグラントが真に理解し合い助け合うことができれば，互いに刺激し合って新しい力と可能性を生み出すことができるはずだ。

A　質問：デジタルイミグラントはデジタルネイティブから学び，その逆もまた然りと考えますか。

　　　例：Yes. I think digital immigrants can learn a lot from digital natives, while digital natives can learn by teaching digital immigrants how to use digital technology.（はい。デジタルイミグラントはデジタルネイティブから多くのことを学べると思います。一方，デジタルネイティブは，デジタルイミグラントにデジタル技術の使い方を教えることで学べることがあると思います。）

Useful Expressions

③　**instead of *doing***　…する代わりに

Most students will choose to watch YouTube **instead of** studying on their tablet.（ほとんどの生徒は，タブレットで勉強する代わりに，ユーチューブを見ることを選択するだろう。）

③　**as opposed to ～**　～とは対照的に，～とは違って

We prepared well. It helped us to get good scores in this test **as opposed to** the previous one.（私たちはしっかりと準備をした。おかげで，今回のテストでは，前回のテストとは対照的によい点数を取ることができた。）

テーマ単語まとめ

♪音声

◆ Communication in the Digital Age デジタル時代のコミュニケーション

329 communication skills
コミュニケーションスキル〔能力〕
Communication skills **are sharpened by listening.**
（コミュニケーション能力は，聞くことで磨かれる。）

330 flexible
[fléksəbl]
[形] 柔軟な
Our company introduced flexible **working hours.**
（当社ではフレックスタイム制を導入した。）

331 interaction
[ìntərǽkʃən]
交流
The social network encourages social interaction **between people.**（ソーシャルネットワークは，人と人との交流を促進する。）

332 multitasking
[mʌ́ltitæ̀skɪŋ]
マルチタスク
They are competent and find no difficulty in multitasking.（彼らは有能であり，マルチタスクに何の困難も感じない。）

333 one-way 〔non-interactive〕lecture
一方通行の〔対話的でない〕講義
Nobody wants to sit through a boring one-way lecture.（誰もつまらない一方通行の講義を聴きたいとは思わない。）

334 online chat
オンラインチャット

335 texting
[tékstɪŋ]
テキスティング，携帯メールの送信
➡ テキストメッセージのやり取りを行うこと。
use one's phone for texting **much more than calling**
（通話よりもメールにはるかに多く携帯電話を使う）

336 trial and error
試行錯誤
Through trial and error, **children learn to master computer programs.**（子どもたちは試行錯誤を繰り返しながら，コンピュータプログラムを使いこなしていく。）

337 video call
ビデオ通話
➡ カメラとスクリーンを搭載した携帯電話やパソコンで，お互いの顔を見ながら話す通話。

◆ Digital Generation デジタル世代

338 digital divide
デジタルデバイド
➡ インターネット使用者と非使用者の情報格差。

339 □	digital immigrant	デジタル移民，デジタルイミグラント
		A digital immigrant is a person who was raised prior to the digital age.（デジタル移民とは，デジタル時代より前に育った人のことだ。）
340 □	digital native	デジタルネイティブ
		Digital natives are those who have been using the Internet and cell phones since childhood.（デジタルネイティブとは，子どもの頃からインターネットや携帯電話を使っている人のことだ。）
341 □	generation [dʒènəréiʃən]	世代
		Our generation has grown up with the Internet.（私たちの世代は，インターネットとともに育ってきた。）
342 □	Generation X	X世代
		➡ 1960 年代中盤から 1970 年代後半に生まれた世代。ベビーブーマーの次の世代。
343 □	Generation Y	Y世代
		➡ 1980 年代序盤から 1990 年代中盤に生まれた世代。デジタルネイティブの最初の世代。
344 □	Generation Z	Z世代
		➡ 1990 年代後半から 2012 年頃までに生まれた世代。
345 □	millennials [miléniəlz]	ミレニアルズ，ミレニアル世代
		➡ Y世代は 2000 年前後かそれ以降に社会に出たため，ミレニアル世代とも呼ばれる。
		Millennials are also known as the generation that is not afraid to step out of their comfort zone.（ミレニアル世代は，コンフォートゾーンから出ることを恐れない世代としても知られている。）

◆ Digital Technology　デジタル技術

346 □	analog [ǽnəlɔ̀ːg]	［形］アナログの
		analog clock（アナログ時計）
347 □	digital [dídʒətl]	［形］デジタルの
		digital clock（デジタル時計）
348 □	artificial intelligence, AI	人工知能
		➡ 人間の知的機能の一部を代替するために作られたコンピュータシステムのこと。

| ³⁴⁹ ☐ **digital literacy** | デジタルリテラシー，デジタル読解力 |
| | 派 literacy（読み書きの能力） |

³⁵⁰ ☐ **digital technology**	デジタル技術
³⁵¹ ☐ **technology**	科学技術，工業技術
[teknálədʒi]	**We have the knowledge and the** technology.
	（私たちには知識も科学技術もある。）

| ³⁵² ☐ **digital transformation, DX** | デジタルトランスフォーメーション，デジタル改革 |
| | ➡企業が，デジタル技術を活用して，製品やサービス，ビジネスモデルそのものを変革するとともに，組織や企業文化を改革すること。 |

³⁵³ ☐ **digitization**	デジタル化，デジタイゼーション
[dídʒətaizéiʃən]	➡紙で管理をしていた書類をデジタルツールで管理するなど，デジタル技術を導入すること。
	参 digitalization（デジタル化，デジダライゼーション）デジタル技術を活用することでビジネスモデルを変革し，新たな利益や価値を生み出すこと。

³⁵⁴ ☐ **information and communication technology, ICT**	情報通信技術
	➡ IT（Information Technology，情報技術）にコミュニケーションの重要性や意味を付加した言葉。
	参 information society（情報化社会）

| ³⁵⁵ ☐ **Internet of Things, IoT** | モノのインターネット |
| | ➡これまで主にパソコンやスマートフォンなどの情報機器が接続していたインターネットに，自動車，家電製品など，さまざまな「モノ」をつなげる技術。 |

| ³⁵⁶ ☐ **possibility** | 可能性 |
| [pɑ̀səbíləti] | **As the general election approaches, we looked at the** possibility **of digital voting.** （総選挙が近づく中，我々はデジタル投票の可能性に注目した。） |

| ³⁵⁷ ☐ **smartphone app** | スマートフォンアプリ |
| | ➡スマートフォンで動作するように設計されたアプリケーションソフトウェア。app は application のこと。 |

| ³⁵⁸ ☐ **synchronize** | ［他］〜を同期させる |
| [síŋkrənàiz] | **I have taken steps to** synchronize **my smartphone with my laptop.** （スマートフォンとノートパソコンを同期させる対策をした。） |

◆ **Diversity and Collaboration　多様性と協働**

| ³⁵⁹ ☐ **collaborate** | ［自］協働する，共同して行う |
| [kəlǽbərèit] | **Researchers are** collaborating **to develop a new medicine.** （研究者が協働して新薬を開発している。） |

³⁶⁰ **common point**	共通点	

Their common point is that they both like baseball.
（2人の共通点は，野球が好きなことだ。）

³⁶¹ **point of difference**

相違点

➡マーケティングでは，「差別化ポイント（POD）」と訳され，商品やサービスの独自性やオリジナリティを打ち出すことによって競合他社との差をつけることを意味する。

³⁶² **point of similarity**

類似点

There are two particular points of similarity between their stories.（彼らの物語には，特に2つの共通点がある。）

---

³⁶³ **conflict**
[kánflɪkt]

衝突，対立

How would you deal with conflict between two coworkers?（同僚同士の衝突にあなたならどう対処するだろうか。）

---

³⁶⁴ **cooperate with ～**

～と協力する

The two teams agreed to cooperate with each other.（両チームは互いに協力し合うことで合意した。）

---

³⁶⁵ **diverse**
[divə́:rs]

［形］多様な

People from diverse cultures were invited to the ceremony.（式典には，多様な文化圏の人々が招待された。）派 **diversity**（多様性）

---

³⁶⁶ **division**
[divíʒən]

区分，分割；（意見の）分裂

The spread of female employment outside the home has changed the division of labour between the sexes.（女性の家庭外就労の広がりは，男女間の分業を変化させた。）

---

³⁶⁷ **essential**
[isénʃəl]

［形］本質的な，不可欠な

It is essential for all those involved in education to be computer-literate.（教育に携わるすべての人がコンピュータリテラシーを身につけることが必要不可欠だ。）

---

³⁶⁸ **friction**
[fríkʃən]

摩擦

There is friction between the teacher and the parent.（先生と親との間に摩擦がある。）

---

³⁶⁹ **fundamental**
[fʌ̀ndəméntl]

［形］根本的な

Students should learn the fundamental principles of scientific method.（学生は科学的方法の基本原理を学ぶべきである。）

³⁷⁰ inequality [ìnikwάləti]	不平等 Gender inequality is still seen throughout society. (ジェンダー間の不平等は，いまだに社会のいたるところで見られる。)
³⁷¹ innate [inéit]	[形] 固有の，本質的な He pointed out the innate problems of wireless communication. (彼は無線通信の本質的な問題点を指摘した。)
³⁷² productivity [pròudʌktívəti]	生産性 Our company is looking for ways to improve worker productivity. (私たちの会社では，作業者の生産性を向上させる方法を探している。)
³⁷³ rapidly changing society	急速に変化する社会 We are living in a rapidly changing society. (私たちは，急速に変化する社会の中で生きている。)
³⁷⁴ value [vǽlju]	価値観 Our core values include the ability to work with others. (私たちの基本的価値観には，他者と協働する能力も含まれている。) ≒ belief (信念，信条)

◆ Learning in the Digital Age　デジタル時代の学習

³⁷⁵ agency in learning	学びにおける主体性 Children's agency in learning has been recognized as a key factor for many important goals in schooling, such as leadership and critical thinking. (子どもたちの学びにおける主体性は，リーダーシップや批判的思考など，学校教育における多くの重要な目標にとって鍵となる要素であると認識されている。)
³⁷⁶ assignment [əsáinmənt]	課題 Students must complete all homework assignments. (生徒は，すべての課題を完了させる必要がある。)
³⁷⁷ authentic learning	オーセンティックラーニング ➡具体的な本物の場面に即して学びを深めること。 参 authentic (真正な，本物の)
³⁷⁸ awareness [əwéərnis]	意識，自覚，認識，気づいていること We need to raise public awareness of this issue. (この問題に対する社会の認識を高めることが必要だ。)

379 □	**biased** [báiəst]	[形] 偏った，偏見を抱いた The article was heavily biased.（記事は大きく偏っていた。） 參 bias（先入観，偏見：〜に偏見を持たせる）
380 □	**unbiased** [ʌnbáiəst]	[形] 先入観のない，公平な unbiased advice（公平なアドバイス） ≒ impartial（偏らない，公平な）
381 □	**computer-based**	[形] コンピュータを利用した computer-based education（コンピュータ利用教育，CBE）
382 □	**digital learning**	デジタルラーニング ➡デジタル技術を使ったあらゆるタイプの学習を指す。デジタルツールやデバイスの使用，従来の教室で先生と対面しての学習なども含む。 digital learning environment（デジタルラーニング環境） 參 online learning（オンライン学習）インターネットを通じての学習のみを指す。
383 □	**e-learning**	e ラーニング ➡受講生と教師が直接顔を合わせることのないオンライン学習。 ＝ electronic learning
384 □	**electronic dictionary**	電子辞書 ⇔ paper dictionary（紙の辞書）
385 □	**game-based learning, GBL**	子ども向けゲーム学習，ゲームベースラーニング ➡学習環境にビデオゲームのデザインや要素を用いた学習。学習者の興味を引き出し，想像力をふくらませることを目的としている。
386 □	**handout** [hǽndaut]	（授業内で生徒に配られる）プリント On the last page of the handout you will find a list of the books I referred to during the lecture.（配布資料の最後のページに，講義中に私が参照した書籍のリストがある。）
387 □	**machine learning**	機械学習 ➡入力データから適切なデータを出力するように学習する機能を持ったソフトウェアのこと。AI とみなされる。ディープラーニング（深層学習）など。
388 □	**objective** [əbdʒéktiv]	目標，ゴール You have to gather informaiton to achieve your objectives.（目標を達成するためには，情報を集めなければならない。）

<table>
<tr><td>389
□</td><td>**personalized learning**</td><td>個別最適化された学び
➡ 生徒一人ひとりの理解力や個性に応じて最適化させた学習。ICT 教材が重要な役割を担う。
📖 personalization（パーソナライズ，個別化）</td></tr>
<tr><td>390
□</td><td>**progress**
[prágres]</td><td>進捗，進歩，進展
I think we are making progress.（我々は前進していると思う。）</td></tr>
<tr><td>391
□</td><td>**retention**
[riténʃən]</td><td>保持，維持，記憶力
Customer retention is the key to profitable growth.（顧客維持は利益ある成長の鍵である。）
📖 retain（～を保つ，～を保持する）</td></tr>
<tr><td>392
□</td><td>**scaffolding**
[skǽfəldɪŋ]</td><td>足場かけ，スキャフォールディング
➡ 学習者が上のステップへ進めるようにするサポート。
📖 scaffold（足場を組む；(建築現場などの) 足場）</td></tr>
<tr><td>393
□</td><td>**self-directed**</td><td>[形] 自律の，自発的な
📖 self-direction（自律，自己主導性，自らによる方向決定）
📖 self-directed learning（自律学習，自主学習）
📖 study ～ by oneself（自習する）
📖 teach oneself ～（～を独学する）</td></tr>
<tr><td>394
□</td><td>**student-centered learning**</td><td>生徒主体の学習</td></tr>
<tr><td>395
□</td><td>**subject**
[sʌ́bdʒɪkt]</td><td>科目，テーマ
Chemistry is my favourite subject.（化学は大好きな科目だ。）</td></tr>
<tr><td>396
□</td><td>**21st century skills**</td><td>21 世紀型スキル
➡ 変化の激しい時代を生き抜くために必要なスキルのこと。批判的思考やコミュニケーション，情報リテラシーのスキルなど。
The term 21st century skills refers to knowledge and skills that are believed to be critically important to success in today's world.（21 世紀型スキルとは，現代社会で成功するために決定的に重要だと考えられている知識とスキルのことだ。）</td></tr>
<tr><td>397
□</td><td>**universal design for learning, UDL**</td><td>学習のためのユニバーサルデザイン
➡ ユニバーサルデザインとは，年齢や能力，状況などにかかわらず，誰にとっても使いやすい，アクセスしやすいデザインのこと。</td></tr>
<tr><td>398
□</td><td>**visualize**
[víʒuəlàiz]</td><td>[他] ～を可視化〔視覚化〕する
visualize information（情報を可視化する）</td></tr>
</table>

| 399 □ well-rounded | [形] 包括的な，（知識・経験などが）幅広い
a well-rounded education（包括的な教育）音楽，芸術，社会，体育などさまざまな分野を含む教育のこと。調和のとれた人間の育成を目指す。 |

◆ **Privacy and Security　プライバシーとセキュリティ**

400 □ cyber safety	サイバーセイフティ ➡ ネット上の脅威からいかにして身を守るか，ということ。 🈺 cyber security（サイバーセキュリティ）悪意のある脅威やサイバー犯罪から情報を保護するシステム。
401 □ data security	データセキュリティ，データの機密保護 Data security is the process of protecting corporate data and preventing data loss through unauthorized access.（データセキュリティとは，企業のデータを保護し，不正アクセスによるデータ損失を防止するプロセスだ。）
402 □ digital citizenship	デジタルシチズンシップ ➡ 情報技術の利用における適切で責任ある行動規範のこと。
403 □ personal data	個人情報 Personal data is any information that relates to an identified or identifiable individual.（個人データとは，識別された，または識別可能な個人に関連するあらゆる情報のことだ。）

2

多様性と人財【単語】

19 Expanding Your Domain (1)

自分のドメインを広げる (1)

♪音声

Q | What's the most important goal you would like to accomplish in the next five years? (→ p.99)

1 ①　One question often asked at job interviews in Japan is, "What is the main focus of your job search?"　This **is interpreted as** asking about your dream, or your vision of what you want to achieve in the future.　How would you answer this question?

5 ②　Most answers come in two types.　In the first, students choose their focus based on their specialty: "I'm looking for a job where I can use the accounting knowledge I gained while studying in the economics department."　The second type is where students choose a focus based on their interests and values, such as, "I'm

10 a member of the music club, so I want to find a job where I can entertain people."　In this age of volatility, uncertainty, complexity, and ambiguity (VUCA), many companies are looking for applicants who can give an answer in the latter pattern.

③　Many people who worked hard to get certifications they

15 saw as **beneficial** in their job search may say, "That isn't right!" Likewise, this may come as a shock to anyone who chose to specialize while at university.　However, let's consider this from a corporate perspective.

Words and Phrases

ℓ.8　economics department 経済学部

ℓ.17　specialize　（学問などを）専門にする

ℓ.17　while at university　在学中に

ℓ.17　from ~ perspective　～の観点から

全訳

① 日本の就職面接でよく聞かれる質問に，「あなたの就職活動の軸となるものは何ですか。」というものがある。これは，あなたの夢や，将来実現したいことのビジョンに関する質問**と解釈される**。あなたなら，この質問にどう答えるだろうか。

② 多くの場合，2種類の回答がある。1つ目は，「経済学部在学中に得た会計の知識を活かせる仕事を探しています」というように，学生が自分の専門に基づいた焦点を選択するものだ。2つ目は，「私は音楽部に所属しているので，人を楽しませることができる仕事に就きたい」というように，自分の興味や価値観に基づいた焦点を選ぶタイプだ。ブーカ（変動性，不確実性，複雑性，曖昧性）の時代には，後者のパターンで答えを出せる応募者を求めている企業が多い。

③ 就職活動に**有利**と思われる資格を頑張って取得した人の中には，「そんなのおかしい！」と言う人も多いだろう。同様に，大学時代に自分の専門性を高めることを選択した人にとっても，ショックなことかもしれない。しかし，これを企業の立場から考えてみよう。

Useful Expressions

① **be interpreted as ～** ～と解釈される

"How are you?" **is** often **interpreted as** "Genki desu ka?" ("How are you?" は「お元気ですか。」と解釈されることが多い。)

③ **beneficial** 有益な，役に立つ

Sunlight and water are **beneficial** to plants. (植物には，日光と水が有益だ。)

20 Expanding Your Domain (2)
自分のドメインを広げる (2)

♪音声

1 ④ Companies have a corporate domain, which is how they define their scope of activity or area of competition. A company that **defines itself as** "a company that does XX" sets a standard for how far it will expand. At the same time, this allows potential
5 stakeholders to easily understand what kind of company it is.

⑤ In the past, an electronic goods store would have defined its domain as being "a company that provides electronic products." However, this domain might not include new technologies that are developed years after the company is established. The company
10 risks failure if it cannot adapt to new technologies and products quickly.

⑥ On the other hand, there are ways to define a domain through the functions or value a company provides with its products and services. A company could say "we provide entertainment" instead of
15 "we produce films," or "we make people healthier" instead of "we manufacture exercise equipment." This enables companies to generate profits in a more sustainable way well into the future. You should also think about how you want to define your personal domain so that it will still be useful many years from
20 now, as AI and other technologies **make rapid progress.**

Words and Phrases

ℓ.3 set a standard	基準を設定する
ℓ.9 establish	～を設立［創立］する
ℓ.10 risk failure	失敗のリスクを負う

ℓ.13 provide ～ with ... …と一緒に～を提供する（「～に…を提供する」の意味ではない。）

全訳

④　企業には，自社の活動範囲や競争領域を定義するコーポレート・ドメイン（企業の活動領域）がある。**自らを**「○○をする会社」**と定義する**ことで，どこまで拡大するのかの基準ができる。同時に，これによって，潜在的な利害関係者は，その企業がどのような企業であるかを容易に理解することができる。

⑤　従来，電気店では「電化製品を提供する会社」を自社のドメイン（領域）としていた。しかし，創業されてから何年も後に開発される新技術は，このドメインに含まれないかもしれない。いち早く新しい技術や製品に対応することができなければ，経営が成り立たなくなる恐れがある。

⑥　一方，企業が製品やサービスを通じて提供する機能や価値からドメインを定義する方法もある。「映画を製作する」ではなく「エンターテインメントを提供する」，「運動器具を製造する」ではなく「人々を健康にする」と表現することもできる。この考え方によって，企業は将来にわたってより持続可能な方法で利益を生み出すことができるようになる。AI をはじめとするテクノロジーが**急速に進歩する**中で，あなたも，何年たっても通用するパーソナル・ドメイン（個人の活動領域）をどのように定義していくかを考えてみてはどうだろうか。

A　質問：5 年後に達成したい最も重要な目標は何ですか。
例：I'd like to make people happy. （人を幸せにすることです。）

Useful Expressions

④　**define oneself as 〜**　自らを〜と定義する

Australians **define themselves as** environmentally conscious. （オーストラリア人は，自分たちは環境への意識が高いと認識している。）

⑥　**make 〜 progress**　〜な進歩〔進展〕をしている

I've been **making slow but steady progress** on my report. （レポートの作成はゆっくりだが着実に進んでいる。）

テーマ単語まとめ

♪音声

◆ Job Search　就職活動

404 accounting
[əkáuntiŋ]

会計，経理
a career in accounting（経理のキャリア）
an accounting **firm**（会計事務所）

405 applicant
[ǽplikənt]

志願者，応募者
How many applicants **did we have for the job?**
（その仕事への応募者は何人だったのか。）
參 **apply for the job**（仕事に応募する）

406 certification
[sə̀:rtəfikéiʃən]

資格認定；証明
He earned certification **to teach autistic high school students.**（彼は自閉症の高校生を指導するための資格を取得した。）

407 entertain
[èntərtéin]

[他] ～を楽しませる
The hospital hired a magician to entertain **the children.**（病院では，子どもたちを楽しませるためにマジシャンを雇った。）

408 entertainment
[èntərtéinmənt]

娯楽
He is one of the most successful people in the entertainment **industry.**（彼はエンターテインメント業界で最も成功した人物の一人だ。）

409 job interview

就職面接
She had been for several job interviews **but hadn't been offered a job yet.**（彼女は何度か面接を受けたが，まだ内定は出ていない。）

◆ The Times　時代

410 ambiguity
[æ̀mbigjú:əti]

曖昧性，多義性
➡ **the state of being unclear or confusing, having more than one possible meaning**（複数の可能な意味を持ち，不明瞭で混乱させるような状態）
remove ambiguity（曖昧性を取り除く）

411 complexity
[kəmpléksəti]

複雑性，複雑さ
➡ **the state of having many parts connected or related to each other and being difficult to understand**（多くの部分がつながっていたり，関係し合っていて，わかりにくい状態）
a problem of great complexity（非常に複雑な問題）

412
uncertainty
[ʌnsə́:rtnti]

不安感，不確実性
➡ the state of feeling doubt about what will happen（何が起こるかわからないという疑念を感じている状態）

a period of political uncertainty（政治的に不確実な時代）

413
volatility
[vɑlətíləti]

急変の危険性，変動性
➡ the quality or state of being likely to change suddenly and without warning, especially by becoming worse（前触れもなく突然変化し，特に悪化する可能性が高いという性質や状態のこと）

worries about volatility **in the economy**（不安定な経済に対する不安）

414
VUCA

ブーカ
➡ 現代の政治・経済・軍事などの情勢を形容する言葉。Volatility（変動性），Uncertainty（不確実性），Complexity（複雑性），Ambiguity（曖昧性）の頭文字を並べた頭字語。米軍の造語で，世界の状況とそれがもたらす課題を表現するためにビジネス界で採用されている。

◆ Personal Domain　自分のドメイン

415
accomplishment
[əkámplíʃmənt]

達成（感）；業績，功績，成果
a sense of accomplishment（達成感）

416
adapt to ～

～に適応〔順応〕する
She had little difficulty adapting to **college life.**（彼女は大学生活への適応にはほとんど苦労しなかった。）

417
award
[əwɔ́:rd]

賞
receive an award **for** ～（～の賞を受ける）
参 credit（功績；製作者のリスト）

418
complementary goal

補完的な目標
参 complementary（補充する，補足的な）

419
core strength

中核となる強み

420
core values

基本的価値観，コア・バリュー
➡ 重要な意思決定や仕事の際の指針となる個人的な価値観。
Sports help teach core values **such as honesty and respect.**（スポーツは，正直さや尊敬といった核となる価値観を教えるのに役立つ。）
参 core belief（核となる信念）

多様性と人財【単語】

421 ☐ **corporate domain**	コーポレート・ドメイン，企業ドメイン	

corporate domain コーポレート・ドメイン，企業ドメイン
Corporate domain is the area of business in which a company operates. （企業ドメインとは，企業が事業を展開する領域のことだ。）
参 domain （（活動・知識などの）分野，領域）

421 ☐ **corporate domain**

422 ☐ **development**
[divéləpmənt]
開発
the development of new technology （新技術の開発）

423 ☐ **empirical**
[impírikəl]
［形］経験による
➡ based on what is experienced or seen rather than on theory （理論ではなく，経験したり見たりしたことに基づいている）

424 ☐ **expand**
[ikspǽnd]
［自］拡大する，発展する
A child's vocabulary expands through reading books. （子どもの語彙は読書を通じて増える。）

425 ☐ **experience**
[ikspíəriəns]
経験
You don't need any experience to work here.
（ここで働くのに経験は不要だ。）

426 ☐ **function**
[fʌ́ŋkʃən]
機能
The function of advertising is to create a unique image of your company. （広告の機能は，あなたの会社の独自のイメージを創り出すことだ。）

427 ☐ **generate profits**
利益を生み出す
The rising cost of raw materials are making it difficult to generate profits. （原材料の高騰により，利益を出すことが難しくなっている。）

428 ☐ **ideology**
[àidiálədʒi]
イデオロギー，（政治・経済の）基盤となる思想
➡ a set of ideas that an economic or political theory is based on （経済理論や政治理論が基づいている一連の考え方のこと）
Marxist ideology （マルクス主義思想）
socialist ideology （社会主義思想）

429 ☐ **methodology**
[mèθədálədʒi]
方法論
➡ a set of methods and principles for doing something （何かをするための方法と原則のセット）
teaching methodologies （教授法）
learning methodologies （学習法）

430 ☐ **mission**
[míʃən]
使命
realize one's mission （自分の使命を果たす）

[431] **mission statement**		ミッションステートメント，社是，綱領

➡ mission statement は，企業と従業員が共有すべき価値観や行動に関する指針のことだが，個人について言う場合は，自分の人生をかけて何を実現したいのかを明確にしたもののこと。

≒ **personal mission statement**（個人のミッションステートメント）

[432] **outcome**
[áutkʌm]

結果，成果
Mr. Smith said he was pleased with the outcome.
（スミス氏は，その結果に満足していると述べた。）
≒ **result, end, consequence**（結果）

[433] **personal challenge**

個人的課題〔挑戦〕
personal challenges **in life as a student**（学生生活における個人的な課題）

[434] **portfolio**
[pɔːrtfóuliòu]

ポートフォリオ，作品集
➡ a collection of pictures, photographs, or documents that you use as examples of work you have done
（自分が行った仕事の例として使う，絵や写真，資料などを集めたもの）

[435] **publication**
[pʌ̀blikéiʃən]

出版物
a list of relevant publications（関連のある出版物のリスト）

[436] **scope of activity**

活動範囲
extend the scope of activity（活動範囲を広げる）

[437] **stakeholder**
[stéikhouldər]

利害関係者，出資者，ステークホルダー
every stakeholder **of the company**（会社のすべての利害関係者）

[438] **sustainable**
[səstéinəbl]

〔形〕持続可能な
the conditions for sustainable **economic growth**
（持続可能な経済成長の条件）

MEMO

Chapter 3
学びから見た世界と
日本の違い

将来の人財を育てる教育とは?

　子どもは，将来の宝（人財）です。変化の激しい昨今，将来をになう子どもたちにどのような力をつけてあげるべきなのか，混沌としています。にもかかわらず，大人は自分が子どもだったころに受けた教育やその頃に培われた価値観や常識に基づいて子どもを教育し，評価しようとする傾向が強いのです。

　まず，自分たちが受けた教育を振り返ってみましょう。例えば，あなたは，**早期教育**（early education）や教育の先取りを体験しましたか。それは自分から望んだからですか，それとも親に言われてしたのでしょうか。結果として，**自律的な学習姿勢**（autonomous attitude toward learning）は培われましたか。

　1990年以降，**褒めること**（praising）は子どもの**自信**（self-confidence）や**前向きな気持ち**（positive feeling），**自尊心**（self-esteem）を育むために必要だと言われています。

　しかし，褒めればいいというわけではなく，褒め方も大切です。褒め方を間違えると，大人の期待に応えるような行動を子どもに強いてしまうことにつながります。大事なことは，子どもを大人の思い

通りにすることではなく，子どもの**自己効力感**（a sense of efficacy）を高めることです。過度な期待やプレッシャーは，子どものメンタルヘルス（mental health）にダメージを与える可能性があります。

あなたは，受験準備などのために**学習塾**（cram school）に通った経験はありますか。日本のみならず，**大学入試**（university entrance exam）が一発勝負である国々では，塾に通う子どもたちが多いようです。しかし，塾に通うという選択肢は，住んでいる地域や，**経済的に恵まれている**（economically privileged）か否かなどの要因によっても強い影響を受けます。これらの点を考慮して，中国では学習塾通いを減らす措置を講じています。日本はどうすればよいと思いますか。

日本で増えているのが公立の6年制**中等教育学校**（secondary school）です。高校入試がないため，生徒に気持ちの余裕が生まれ，指導上も6年間を見据えての計画が立てられるという利点があります。大学受験においても成果が出ているようです。その一方で，中学入学者選抜が激化したり，通常の中学校に通う生徒にとっては高校の選択肢が減るといったデメリットもあります。

また，卒業者の半数近くが，4年制大学に進学せずに，**専門学校**（vocational school）や**短期大学**（junior college）に進学するか，就職するといった高校が数多くあります。大学受験に縛られないからこそ，卒業後に必要となる**創造性**（creativity），**批判的思考**（critical thinking）といった力を育てるためにできることはあるはずです。

これらの**課題**（issue）を人財育成という観点から考え直してみませんか。

21 Early Education: To Do or Not to Do? (1)

早期教育 ― する，しない？ (1)

♪音声

Q Do you think competitive sports have a positive or negative impact on child development? (Why, or why not?) (→ p.111)

1 ① Japanese parents with preschool-aged children **are enthusiastic about** their children's education and training. There are two types of early childhood education in Japan: academic and non-academic. Academic education might include foreign
5 language study, reading and writing, and basic arithmetic. Non-academic education and training, on the other hand, covers things like sports, the arts, and culture. Since English is now required starting in the fifth grade at elementary school, more and more children are studying English at language schools or with materials
10 at home. Why are Japanese parents so enthusiastic about giving their children early education and training?
② The types of education listed above are said to **encourage** children **to** discover what areas they are talented in or have an aptitude for. They are also ways for parents to understand their
15 child's strengths and weaknesses. With regard to academics, in recent years a lot of children in Tokyo and other major cities have been taking entrance examinations for elementary school. To prepare for this, parents often feel pressure to get a head start on education.

Words and Phrases

ℓ.15 with regard to ~   ～に関しては   ℓ.18 feel pressure to *do* …しなくてはという圧力
ℓ.15 academics   学問   を感じる
ℓ.17 entrance examination 入学試験

全訳

① 就学前の子どもを持つ日本の親は，子どもの教育や訓練**に熱心である**。日本の幼児教育には，学問的な教育（教科教育）と学問的でない教育（非教科教育）の2種類がある。教科教育には，外国語学習，読み書き，基礎的な算数などが含まれるであろう。一方，非教科型教育や訓練は，スポーツ，芸術，文化などを対象としている。小学校5年生から英語が必修となったことで，語学学校や自宅で教材を使って英語を勉強する子どもも増えている。なぜ，日本の親は子どもに早期教育や訓練を与えることにこんなにも熱心なのだろうか。

② 前述のような教育は，子どもたちがどのような分野に才能があるのか，あるいは適性があるのかを発見**することを促す**と言われている。また，親が子どもの得意・不得意を把握する手段でもある。学問の面では，近年，東京をはじめとする大都市圏では，多くの子どもたちが小学校の入学試験を受けるようになった。その準備のために，親は教育の先取りをしなくてはという圧力を感じることが多いようだ。

Useful Expressions

① **be enthusiastic about ～**　～に熱心〔乗り気〕である

Kindergarten boys **are enthusiastic about** catching beetles.（幼稚園の男子はカブトムシ捕りに夢中だ。）

② **encourage ～ to *do***　～を〔が〕…するように励ます〔促す〕

Coaches **encourage** athletes **to do** their best.（コーチは，アスリートにベストを尽くすように奨励する。）

3 学びから見た世界と日本の違い

109

♪音声

1 ③　In terms of sports, many Japanese children choose one sport early on and focus on it until the end of high school.　There is also a strong inclination toward competitions, with national sports tournaments beginning in elementary school.　Some countries **take**
5 this concept **further**.　For example, in China and Russia, programs which train gifted children to be world-class athletes are well known.　These programs **are designed to** produce gold medalists by finding out which sports a child excels at from a young age and engaging the child in long-term practice.

10 ④　While early education has its advantages, it also has its disadvantages.　Forcing children into excessive study can hinder their autonomous attitude toward learning.　In terms of English learning, some say that current methods are making children dislike English because the lessons are repetitive and boring.
15 Also, focusing exclusively on one sport can hurt a child's physical growth.　The All Japan Judo Federation decided to cancel its national tournament for elementary school students in 2022, despite objections that this will weaken children's motivation and lower the level of competition.

20 ⑤　In most cases, parents decide whether or not their children will receive early education or training, and the children cannot refuse.　Would you choose to let your child receive early education or training?　If so, what kind, and why?

Words and Phrases

ℓ.1	in terms of ~	～の観点から見ると	ℓ.11 hinder ～を妨げる
ℓ.2	early on	早くから，早い時期に	ℓ.18 objection 反論，異議
ℓ.3	competition	競技（会）	

全訳

③　スポーツに関しても，日本の子どもたちは早くから 1 つのスポーツを選び，高校卒業までそれに打ち込むことが多い。また，競技志向も強く，小学生から全国規模のスポーツ大会が開催されている。このような考え方**をさらに推し進める**国もある。例えば，中国やロシアでは，才能のある子どもたちを世界的なアスリートに育てるプログラムが有名だ。これらのプログラムは，幼少期から子どもが得意とするスポーツを見つけ，長期的な練習に取り組ませることで，金メダリストを輩出**することを目的としている。**

④　早期教育にはメリットがある反面，デメリットもある。過度な勉強を強いることは，子どもの自律的な学習姿勢を阻害する恐れがある。英語学習に関しても，今のやり方では「繰り返しの授業でつまらない」という理由で，子どもたちが英語嫌いになってしまうという指摘もある。また，ただ 1 つのスポーツだけに集中することは，子どもの身体的な成長を阻害する可能性がある。全日本柔道連盟は，「子どものやる気をそぐ」「競技レベルが下がる」などの異論もあったが，2022 年に小学生の全国大会を中止することを決定した。

⑤　多くの場合，子どもが早期教育や訓練を受けるかどうかは親が決め，子どもはそれを拒否することができない。あなたは，自分の子どもに早期教育や訓練を受けさせることを選択したいか。もしそうなら，どのようなものを，なぜ受けさせるのか。

A　質問：あなたは，競技スポーツが子どもの発達によい影響か悪い影響のどちらを与えると思いますか。（そう考える理由またはそう考えない理由は何ですか。）
　　　例：I think that competitive sports have a positive impact on child development. Children who compete learn to set goals for themselves and work to achieve them. （私は，競技スポーツは子どもの発達によい影響を与えると思います。競い合う子どもたちは，自分で目標を設定し，それを達成するために努力することを学びます。）

- - - - **Useful Expressions** - - - -

③　**take ～ further** （結果を得るために）～をさらに（高度なものに）推し進める

I want to **take** my ideas **further**, so I will be starting my Ph.D. in April. （私は自分のアイデアをさらに発展させたいので，4 月から博士課程に進学する予定だ。）

③　**be designed to *do*** …することを目的とする〔意図する〕（ものだ）

This program **is designed to develop** reading and writing abilities. （このプログラムは，読み書きの能力を開発することを目的とするものだ。）

テーマ単語まとめ

♪音声

◆ What Is Important for Children　子どもにとって重要なこと

439	**awareness of consequences**	結果の認識

439 awareness of consequences — 結果の認識

440 awareness of surroundings — 周囲に対する認識

441 emotional control — 感情の制御〔コントロール〕

442 environmental awareness — 環境についての意識

443 fair play — フェアプレー，公明正大な行為
"Fair play" is essential for kids. (「フェアプレー」は子どもにとって必要不可欠なものだ。)

444 friendship [fréndʃip] — 友情，交友
They formed a close friendship at high school. (彼らは高校時代には親交を深めた。)

445 honesty [ánisti] — 正直，誠実さ
Honesty is the best policy. (正直は最良の策。)
参 be honest with oneself (自分自身に正直である)

446 individuality [ìndəvìdʒuǽləti] — 個性，人格
cultivate individuality (個性を養う)

447 manners [mǽnərz] — 行儀，礼儀
have good〔bad〕manners (行儀がよい〔悪い〕)

448 motor skill — 運動技能，運動スキル

449 self-control — 自制（心），自己制御
lose one's self-control (自制心をなくす)

450 self-motivation — 自己動機付け

451 share [ʃéər] — [自] 分かち合う，分担する
Sharing is caring. (分け合うことは思いやりである。)

452 think by oneself — 自分で考える

◆ Early Education　早期教育

⁴⁵³ **absolute assessment**　絶対評価
⁴⁵⁴ **relative assessment**　相対評価

⁴⁵⁵ **academic**　［形］学問的な
[ǽkədémik]　⇔ **non-academic**（学問的でない）

⁴⁵⁶ **aptitude**　適性
[ǽptətjùːd]
an aptitude **test**（〔職業・進学などの〕適性検査）
He had an aptitude **for mathematics.**（彼は数学の適性があった。）

⁴⁵⁷ **be talented in ～**　～に才能がある
students talented **in sports**（スポーツの才能がある生徒）参 **talented**（才能のある）

⁴⁵⁸ **early childhood education**　幼児教育

⁴⁵⁹ **egalitarianism in the classroom**　教室内平等主義
参 **egalitarianism**（平等主義）

⁴⁶⁰ **elementary school**　小学校
≒ **primary school**（小学校）
参 **kindergarten**（幼稚園）

⁴⁶¹ **engage ～ in ...**　～を…に取り組ませる
She tried to engage **him in conversation, but in vain.**（彼女は彼と会話を交わそうとしたが無駄だった。）

⁴⁶² **excel at ～**　～が得意である
As a child he excelled **at art.**（幼少期，彼は美術に秀でていた。）

⁴⁶³ **foreign language study** 外国語学習

⁴⁶⁴ **gifted**　［形］才能のある
[gíftid]
It is wise to educate gifted **children early.**
（特別な才能がある子どもたちを早期に教育することは賢明である。）
派 **gift**（才能）
参 **be gifted with ～**（（才能）に恵まれている）

⁴⁶⁵ **head start**　先取り，有利なスタート
get a head start（一足先に始める，先取りする）
A good education gives your child a head start **in life.**（よい教育があれば子どもは人生において有利なスタートを切ることができる。）

466 inclination [ìnklənéiʃən]	（…する）意向，気持ち，志向 I had no inclination to be part of the team.（チームの一員になる気はさらさらなかった。）	
467 innate talent	天賦の才能，生まれつきの才能 参 developed talent（開発された才能）	
468 learning disability	学習障害	
469 letter grade	レターグレード ➡学業成績を A ～ F の成績で評価すること。	
470 penmanship [pénmənʃìp]	英習字，書写 参 calligraphy（書道）	
471 preschool-aged	［形］就学前の 参 preschool（幼稚園，保育園）	
472 reading and writing	読み書き	
473 required [rikwáiəd]	［形］必修の，必須の English is a required subject.（英語は必修科目だ。） 参 elective（選択科目）	
474 speech impediment	発話障害 参 impediment（妨害，障害）	

◆ Doubts About Early Education　早期教育への疑問

475 attitude toward learning	学習姿勢	
476 autonomous [ɔːtánəməs]	［形］自律的な；自主的な Autonomous learning refers to a situation in which learners are responsible for their learning.（自律的な学習とは，学習者が自分の学習に責任を持つ状況を指す。） 派 autonomy（自律性；自治）	
477 boring [bɔ́ːriŋ]	［形］つまらない，退屈な a boring class（退屈な授業）	
478 excessive [iksésiv]	［形］過度な Excessive training can damage muscle tissue.（過度なトレーニングは，筋肉組織を損傷する可能性がある。）	
479 exclusively [iksklúːsivli]	［副］独占的に；ただ〜だけ	
480 repetitive [ripétətiv]	［形］繰り返しの 参 repetition drill（反復練習）	

self-defeating

［形］自己破滅的 な
self-defeating **behavior**（自滅的な行動）
≒ **counterproductive**（逆効果の）

学びから見た世界と日本の違い【単語】

23 Praise vs. Criticism in Education (1)

褒める教育 vs. 批判する教育 (1)

♪音声

Q Do you think that today's parents tend to praise their children a lot? (→ p.119)

① Since the 1990s, it has become a common belief that praising children helps them grow and develop, and that not praising them will **prevent** them **from** growing. Praise is said to be important to help children develop self-confidence by evaluating their motivations and processes. Criticism, on the other hand, is widely believed to reduce children's positive feelings and self-esteem.

② However, there is data that shows a recent decline in self-esteem among young people in Japan, where praising children has been the norm for some thirty years. The exact cause of the decline is not clear, but it appears to be due to several complex social factors, such as the increased desire for the public approval found in social media "likes," "shares" and so on.

③ Some critics say that teachers and parents give children too much praise. They point out that the praise **is** often **based on** the adults' own values. This leads children to unthinkingly act in ways that meet the adults' expectations. Doing this over and over causes children to simply do what they are told. They can begin to lose the ability to think and act on their own. In other words, praise given in this manner is not truly improving children's self-esteem or sense of efficacy.

Words and Phrases

ℓ.2	grow	(人・動植物などが)育つ，発育する	
ℓ.2	develop	(体や能力が) 成長する	
ℓ.9	the norm	当たり前のこと	
ℓ.10	complex	複雑な	
ℓ.11	public	公の，公開の；周知の	
ℓ.15	unthinkingly	知らず知らずのうちに，よく考えもせずに	
ℓ.19	manner	やり方；態度	

全訳

① 1990年代以降，「褒めることは子どもの成長につながる」，「褒めないことは**子どもが成長するのを妨げる**」という考えが一般的になってきた。褒めることは，子どものやる気やプロセスを評価することによって，子どもの自信を育むために重要だと言われている。その一方で，批判は，子どもの前向きな気持ちや自尊心を低下させると広く信じられている。

② しかしながら，ここ30年ほど子どもを褒めることが当たり前になっている日本で，最近，若者の自尊心が低下しているというデータがある。正確な原因は不明だが，ソーシャルメディアの「いいね！」や「シェア」などに見られる公の承認欲求の高まりなど，いくつかの複雑な社会的要因が影響しているようだ。

③ 教師や親が子どもを褒めすぎだとする評論家もいる。褒め方は，大人自身の価値観**に基づいている**ことが多いと指摘している。そのため，子どもは知らず知らずのうちに，大人の期待に応えるような行動をとってしまう。このようなことを繰り返していると，子どもはただ言われたことをやるだけになってしまう。自分で考えて行動する力を失い始める可能性がある。つまり，この方法での褒め方は，子どもの自尊心や自己効力感を真に高めるものではない。

3 学びから見た世界と日本の違い

Useful Expressions

① **prevent ～ from *doing*** ～が…するのを妨げる

Nothing will **prevent** me **from studying** abroad.（私が留学することを妨げるものは何もない。→どんなことがあっても留学する。）
We must **prevent** Naoko **from dropping** out of school.（私たちは直子が退学するのを防がなくてはならない。）

③ **be based on ～** ～に基づいている

Our hiring policy **is based on** performance and ability, not just **on** personality.（我々の採用方針は，人柄だけではなく，業績と能力に基づいている。）

117

24 Praise vs. Criticism in Education (2)

褒める教育 vs. 批判する教育 (2)

♪音声

1 ④　In terms of criticism, we need to differentiate between destructive criticism and constructive criticism. Destructive criticism is often insulting and offers no chance for growth. Constructive criticism, on the other hand, is criticism designed to
5 encourage the student to move forward. Constructive criticism is a method of giving the student direction on how to improve their school work through critical analysis and questioning.

⑤　Another concept similar to "praise" is "encouragement." Encouragement means to motivate children to work toward goals
10 they have set for themselves, and to support them as they act **on their own** and develop their own self-esteem. It starts with questions to clarify the situation or facts such as, "Why did you do that?" "Would this also work?" and "What else can you think of?"

⑥　Such questions can be overly emotional or aggressive, and
15 if so, they can hurt the self-esteem of the child. Depending on the relationship between the speaker and listener and the tone of speech, the emotional impact can change. **At any rate**, we can say for sure that the effects of praise and criticism on children's development must be considered carefully. Finally, here is the
20 golden rule of praise and criticism : praise publicly, but criticize in private.

Words and Phrases

ℓ.4	be designed to *do*	…することを目的としている	
ℓ.5	move forward	前進する	
ℓ.11	start with ~	~で始まる	
ℓ.14	overly	過度に	
ℓ.16	tone of speech	語調	
ℓ.17	emotional impact	心理面の影響, 情動効果	
ℓ.18	for sure	確かに	
ℓ.20	golden rule	鉄則, 黄金律	

全訳

④ 批判に関しては，破壊的批判と建設的批判を区別する必要がある。破壊的批判は，しばしば侮辱的で，成長の機会を与えない。一方，建設的批評とは，生徒が前を向いて進んでいけるように励ますための批判だ。建設的批判は，批判的な分析と問いかけによって，生徒の学業をどのように改善していくかについて道を示す方法である。

⑤ 「褒めること」と似た概念に，「励ますこと」がある。励ましとは，子どもたちに自分で決めた目標に向かって努力する意欲を起こさせ，**自ら**行動し自尊心を育むのを支えることである。それは，「なぜそうしたの？」「これもうまくいくかな？」「他に何か思いつくことはある？」という状況や事実を明らかにするための問いかけから始まる。

⑥ このような問いかけは，感情的あるいは攻撃的になり過ぎることもあり得るし，もしそうであれば，子どもの自尊心を傷つけかねない。話し手と聞き手の関係性や語調によっては，心理面の影響は変わり得る。**ともあれ**，褒めることと批判することが子どもの発達に与える影響については，確かに慎重に考えなければならない。最後に，「褒めることと批判すること」の黄金ルールはこれだ。褒めるのはみんなの前で，批判するのは個人的に。

A
質問：この頃の親たちは自分たちの子どもたちのことをよく褒める傾向だと思いますか。
例：Yes. It appears that parents around me focus on their children's good qualities and praise them often. (はい。私の周りの親たちは子どもたちのよいところに注目し，よく褒めているようです。)

Useful Expressions

⑤ **on one's own**　自分の責任で；自力で；独りで

Living **on your own** is an important step in becoming an adult.（一人暮らし〔自活すること〕は大人になるための大事なステップだ。）

⑥ **at any rate**　とにかく，いずれにしても，何はともあれ

At any rate, we must respect their will.（いずれにせよ，私たちは彼らの意志を尊重しなくてはならない。）

◆ Education That Praises Children　褒める教育

482 a sense of efficacy
自己効力感
➡ある行動について，自分はうまく遂行できると思っ
ていること。

483 self-efficacy
自己効力感
Self-efficacy refers to a person's belief that
they can be successful when carrying out a
particular task.（自己効力感とは，ある課題を遂
行する際に，自分は成功することができるという
信念を指す。）

484 self-esteem
自己肯定感，自尊心
She suffers from low self-esteem and it prevents
her from pursuing her dream.（彼女は自尊心が
低く，そのために夢を追いかけることができない
でいる。）

485 desire for approval
承認欲求
desire for public approval（世間からの承認欲求）

486 evaluate
[ivǽljuèit]
[他] ～を評価する
Employees will be evaluated on their
performance, team skills, and etc.（社員は，パ
フォーマンスやチーム力などで評価される。）

487 meet one's expectations
期待に応える
Do you know how to communicate with
clients appropriately and how to meet their
expectations?（顧客と適切なコミュニケーショ
ンをとり，顧客の期待に応える方法を知っていま
すか。）

488 motivate ～ to do
～が…するよう動機づける；～が意欲的に…でき
るよう応援する
He was motivated by a desire to help his
countrymen.（同胞を助けたいという思いが彼の
原動力だった。）

489 motivation
[mòutəvéiʃən]
意欲，モチベーション
Mike is an intelligent pupil, but he lacks
motivation.（マイクは頭のいい生徒だが，やる
気がない。）

490 positive feeling
前向きな気持ち
have a positive feeling about ～（～について前
向きな感情を抱く）

491 praise [préiz]	[他] 〜を褒める Praising people is an important skill.（褒めることは，重要なスキルだ。）
492 self-confidence	自信 build self-confidence（自信をつける） This course concentrates on self-confidence building.（このコースは，自信をつけることに重点を置いている。） 派 self-confident（自信のある）
493 social factor	社会的要因 Because of social factors that encourage weight-related concerns, many people are interested in diet.（体重に関する悩みを助長する社会的要因から，多くの人がダイエットに関心を寄せている。）

◆ Criticism and Encouragement　批判と励まし

494 be bad at 〜	〜が苦手だ I am really bad at making friends.（私は友達を作るのが本当に苦手だ。）
495 be traumatized by 〜	〜によって精神的ショックを受ける，〜がトラウマになる She was traumatized by the death of her mother.（彼女は母親の死がトラウマになっていた。）
496 behavior change	行動変容 cause behavior change（行動変容を促す）
497 clarify [klǽrəfài]	[他] 〜を明確化する clarify issues（問題を明確化する）
498 constructive criticism	建設的批判 receive constructive criticism from one's manager or a peer（上司や同僚から建設的な批判を受ける）
499 destructive criticism	破壊的批判 Destructive criticism is intended to harm a person's reputation or self-esteem.（破壊的な批判は，その人の評判や自尊心を傷つけることを目的としている。）

500 □	**critical analysis**	批判的な分析 Critical analysis allows you to have greater clarity on the issues and information. (批判的な分析をすることで，問題点や情報をより明確にすることができる。)
501 □	**encourage** [inkə́:ridʒ]	[他] 〜を励ます，〜を勇気づける Her speech encouraged me. (彼女のスピーチは私に希望を与えてくれた。)
502 □	**encouragement** [inkə́:ridʒmənt]	励ますこと，勇気づけ words of encouragement (励ましの言葉)
503 □	**fear of failure**	失敗することへの不安 The fear of failure, which is sometimes referred to as atychiphobia, is an irrational and persistent fear of failing. (失敗することへの不安は，時に失敗恐怖症と呼ばれることがあるが，失敗することへの不合理で持続的な恐怖のことである。) 參 **fail**（失敗する）
504 □	**feedback** [fí:dbæk]	フィードバック get〔receive〕feedback（フィードバックを受ける） give〔provide〕feedback（フィードバックをする） appropriate〔timely〕feedback（適切な〔タイミングがよい〕フィードバック）
505 □	**spur** [spə́:r]	[他] 〜を駆り立てる〔刺激する〕 the coach who spurred the man to success（その人を成功へと導いたコーチ）

◆ Recovering and Growing　立ち直りと成長

506 □	**growth** [gróuθ]	成長 healthy emotional growth（健全な情緒の成長）
507 □	**have high expectations of 〜**	〜に高い期待をかける，〜への期待値が高すぎる have high expectations of one's child（子どもに高い期待をかける）
508 □	**inferiority complex**	劣等感 have an inferiority complex about one's height（身長のことで劣等感を抱く） ≒ a sense〔feeling〕of inferiority
509 □	**feel inferior**	劣等感を抱く She felt inferior to her elder sister. (彼女は姉への劣等感があった。)

⁵¹⁰ □ **superiority complex**	優越感
	People with a superiority complex **believe they are better, smarter, and more important than others.**（優越感を持っている人は，自分は他の人よりも優れている，賢い，重要であると信じている。）
	≒ **a sense〔feeling〕of superiority**
⁵¹¹ □ **lower a psychological hurdle**	心理的なハードルを下げる
	➡ hurdle の代わりに fence，bar，wall も使われる。
	lower a psychological hurdle **to the challenge**（挑戦への心理的ハードルを下げる）
	⇔ **raise the psychological hurdle**（心理的なハードルを上げる）
⁵¹² □ **overcome a psychological hurdle**	心理的なハードルを克服する
	We've overcome a psychological hurdle **by winning today.**（我々は今日勝ったことで，心理的なハードルを克服することができた。）
⁵¹³ □ **recover from ～**	～から立ち直る
	He never really recovered from **the shock of the accident.**（彼が本当に事故のショックから立ち直ることはなかった。）
⁵¹⁴ □ **standard** [sténdərd]	基準，標準
	Maybe your standards **are too high.**（理想が高すぎるのではないか。）

3 学びから見た世界と日本の違い【単語】

123

25 Are cram schools necessary for children's growth? (1)

塾は子どもの成長に必要なのか (1)

♪音声

Q If Japan were to ban cram schools as China did, how do you think school education should change? (→ p.127)

1 ① Throughout the world, many children attend a cram school in addition to their regular school schedule, after school and/or on weekends. Some also attend online classes provided by cram schools. These cram schools can have a big impact, good or bad,
5 on the education and lives of children in many countries, but the market is beginning to change.

② Cram schools are most often found in countries in East Asia, where a one-shot knowledge-based university entrance exam often determines pass or fail. In South Korea, according to the
10 National Bureau of Statistics, three quarters of all children took extracurricular classes in 2019. Many children study in cram schools as late as 10pm. The main reason is to gain knowledge for the national university entrance exam.

③ On the other hand, neighboring China has **taken steps to**
15 cut down on such intense cram schooling. In 2019, the country banned cram schools from making money and from operating on weekends and holidays. Chinese officials are concerned that too much pressure, especially at a young age, can be damaging to children's mental health. There is also concern that children from
20 richer families, whose parents can pay high cram school fees, have an unfair advantage over poorer families.

Words and Phrases

ℓ.4 good or bad	よくも悪くも	ℓ.11 extracurricular	カリキュラム外の
ℓ.8 knowledge-based	知識本位の	ℓ.14 neighboring	隣接する，近隣の
ℓ.10 bureau	（官庁などの）局	ℓ.15 cut down on ~	~を減らす
ℓ.10 statistics	統計資料，統計データ	ℓ.17 be concerned that ...	…を懸念する
ℓ.10 quarter	4分の1	ℓ.21 unfair advantage	不公平な優位性

全訳

① 世界中に，正課（通常）の学校の授業**に加えて**，放課後や週末に学習塾に通う子どもたちがたくさんいる。また，塾が提供するオンライン授業に参加する生徒もいる。良くも悪くも，多くの国で子どもたちの教育や生活に大きな影響を及ぼし得る学習塾だが，その市場にも変化が起き始めている。

② 塾は，一発勝負の知識ベースの大学入試で合否が決まることが多い東アジアの国々に多く見られる。 韓国では，国家統計局によると，2019 年に全児童の 4 分の 3 が課外授業を受けたという。多くの子どもたちが夜 10 時まで塾で学んでいる。主な理由は，国立大学入試に向けての知識を得るためだ。

③ 一方，隣国の中国は，こうした激しい塾通いを減らす**ための措置を講じている**。2019 年，同国は塾の営利活動や土日祝日の開講を禁止した。中国当局は，特に幼少期の過度なプレッシャーが子どものメンタルヘルスにダメージを与えることを懸念している。また，親が高い塾の費用を払える裕福な家庭の子どもは，貧しい家庭に対し不当に有利になることも懸念している。

Useful Expressions

① **in addition to 〜** 　〜に加えて

They cannot get enough sleep because they have to prepare for cram school **in addition to** their school homework.（学校の宿題に加えて塾の準備もあるので，彼らは睡眠時間を十分確保できない。）

③ **take steps to *do*** 　…するための措置を講じる

I think the government will **take steps to** eliminate some educational disparities.（政府は教育格差の解消に向けた方策を講じるだろう。）

26 Are cram schools necessary for children's growth? (2)

塾は子どもの成長に必要なのか (2)

♪音声

1 ④　In Japan, there are similar worries that students from economically privileged families have a higher chance of entering popular universities.　Private high schools and universities set their own individual exams.　A very competitive cram school
5 market exists which **specializes in** exam preparation for specific educational institutions.

⑤　Not all countries have cram schools.　They are rare in the United States, where entry to university involves essays, recommendations and out-of-school experience, such as prizes
10 and volunteering or leadership activities. In other countries, such as Germany and Canada, university admission standards do not depend on knowledge-based exams.　Cram schools still exist, though, mainly to help students catch up with their classwork if they are struggling in a certain subject.

15 ⑥　It may be time for a national debate on the need for cram schools here in Japan.　If we decide that they are necessary, we need to think more seriously about what sort of training or education cram schools should provide.　The Internet, modern technology and new priorities are affecting education in many
20 ways.　With a more globalized focus on education in many countries, the expectations of university entrance exams are changing.　As a result, cram schools are likely to face a variety of issues in the future, and they will need to adapt in order to survive.

Words and Phrases

ℓ.4	individual	個々の	
ℓ.7	rare	まれな	
ℓ.8	involve	〜を要する	
ℓ.13	catch up with 〜	〜に追いつく	

ℓ.14	struggle	（成績が悪く）苦労する	
ℓ.20	With 〜 on	〜が…にある状態で	
ℓ.22	be likely to *do*	…しそうである	

全訳

④ 日本でも，経済的に恵まれた家庭の生徒が人気のある大学に進学する確率が高いという同じような心配事を抱えている。私立の高校や大学は独自に個別試験を準備している。特定の（高校や大学といった）教育機関の試験対策**を専門に扱う**極めて競争の激しい塾市場が存在するのだ。

⑤ すべての国に塾があるわけではない。アメリカでは塾はまれで，大学への入学には論文，推薦状，そして受賞歴やボランティア活動やリーダーシップ活動といった校外での経験が必要とされる。また，諸外国，例えばドイツやカナダなどでは，大学入試選抜基準が知識ベースの試験によって決まらない。しかし，それでも学習塾は存在し，主に特定の科目が苦手な生徒が授業に追いつけるように手助けをしている。

⑥ そろそろ，日本における学習塾の必要性について，国を挙げての議論が必要な時期に来ているのではないのだろうか。もし，塾が必要だと判断したならば，塾がどのようなトレーニングや教育を提供すべきかをもっと真剣に考える必要がある。インターネット，現代のテクノロジーおよび新たな優先事項は，さまざまな形で教育に影響を及ぼしている。多くの国で教育のグローバル化が進み，大学入試に対する期待も変わりつつある。その結果，学習塾は今後，さまざまな問題に直面する可能性があり，生き残りをかけて適応していく必要がある。

A
質問：もし日本でも中国のように塾を禁止するとしたら，あなたは学校教育にどのように変わってほしいですか。

例：I'd like every school to offer preparation classes for entrance exams free of charge.（どの学校にも受験のための準備講座を無料で開講してもらいたい。）

Useful Expressions

④ **specialize in ～**　～を専門に扱う，～を専攻する

This TV channel **specializes in** educational programs for children.
（このテレビチャンネルは，子ども向けの教育番組を専門に扱っている。）

◆ Cram Schools 学習塾

515 □ **after school**	放課後 **sports and other** after-school **activities**（スポーツなどの放課後活動）	

516 □ **cram school**　学習塾，予備校
➡ 日本の受験事情に詳しくないネイティブスピーカーには通じない場合もある。supplemental classes for university entrance examやtutoring school などの表現も覚えておくとよい。

517 □ **deviation value**　偏差値

518 □ **fee**　料金，費用
[fíː]
➡ 専門的なサービスにかかるお金。school fee（学費），membership fee（会費）など。

519 □ **tuition (fees)**　大学の授業料
Some students take out loans to cover their tuition fees.（学生は学費をまかなうためにローンを組んでいる。）

520 □ **regular**　[形] 正規の，定期的な，通常の
[réɡjulər]
⇔ **irregular**（変則的な，不定期の）
He decided to stop taking extra classes and concentrate on regular **study.**（彼は課外授業を受けるのをやめ，通常の勉強に専念することにした。）

521 □ **online class**　オンライン授業

◆ University Entrance Examination　大学受験

522 □ **competitive**　[形] 競争の激しい
[kəmpétətiv]
fiercely competitive **entrance examinations**（非常に競争の激しい入試）

523 □ **intense competition**　激しい競争
There is intense competition **among students to get into a top-ranked university.**（一流大学に入るために，学生たちの間で激しい競争が繰り広げられている。）

524	economically disadvantaged	経済的に恵まれない
		children who come from economically disadvantaged **homes**（経済的に恵まれない家庭の子どもたち）
		参 the disadvantaged（(社会的・経済的に) 恵まれない人々）
525	economically privileged	経済的に恵まれた
		He comes from an economically privileged **background.**（彼は経済的に恵まれた生活環境の出身である。）

526	give up on one's education	教育を諦める
		Don't give up on your **higher** education.（進学をあきらめないでください。）

527	high-ranking	［形］レベルの高い，ランキング上位の
		This university is high-ranking.（この大学はレベルが高い。）

528	institution [ìnstətjúːʃən]	機関，団体
		He is a visiting lecturer at several educational institutions.（彼はいくつかの教育機関の客員講師を務めている。）

529	one-shot	［形］一発勝負の，単発の
		It was supposed to be a one-shot **deal.**（それは一発勝負のはずだった。）

530	regional difference	地域格差
		regional differences **in education opportunities**（教育機会の地域格差）

531	the Upper Secondary School Equivalency Examination	高卒認定試験〔高等学校卒業程度認定試験〕

◆ **University Entrance Examination System　大学入試制度**

532	admission capacity	入学定員
		total admission capacity **of universities**（大学の総定員）

533	admission policy	アドミッションポリシー（入学者受け入れ方針）
		the aims of the admission policy（アドミッションポリシーの目的）

534	admission ratio	（入学試験の）倍率
		a competitive school with a one-in-twenty admission ratio（倍率 20 倍の難関校）

⁵³⁵ number of applicants	志願者数	
⁵³⁶ AO entrance examination	ＡＯ入試 ➡ AO = Admissions Office（入学事務局）	
⁵³⁷ entrance examination for adults	社会人入試	
⁵³⁸ entrance examination for returnees	帰国子女入試	
⁵³⁹ entrance examination with recommendation	推薦入試	
⁵⁴⁰ general entrance examination	一般入試	
⁵⁴¹ application guidelines	募集要項 Application Guidelines for Z University （Z 大学（学生）募集要項）	
⁵⁴² apply to 〜	〜に出願する a timeline for anyone who wants to apply to law school（ロースクールに出願したい人のための予定表）	
⁵⁴³ national debate	国を挙げての議論，国民的な議論 It generated a national debate on social justice.（それは社会正義に関する国民的議論を巻き起こした。）	
⁵⁴⁴ university entrance examination reform	大学入試改革	

◆ **Evaluation Criteria in Other Countries　諸外国の評価基準**

⁵⁴⁵ assessment scale	評定尺度 🔊 assessment（評価，アセスメント）	
⁵⁴⁶ admission standard	入試選抜基準，入学基準 Assessment scores should meet admission standards at the time of program application.（評価得点は，プログラム申請時に入学基準を満たす必要がある。）	
⁵⁴⁷ classwork [klǽswɔːrk]	教室での活動 ⇔ homework（宿題）	
⁵⁴⁸ essay [éseɪ]	小論文，エッセイ	

⁵⁴⁹ **leadership**
[líːdərʃip]

リーダーシップ
Leadership is the process of guiding a team to achieve certain goals through direction and motivation. (リーダーシップとは，指示や動機付けによって，チームを一定の目標達成に導くことである。)

⁵⁵⁰ **out-of-school**

[形] 校外の
They plan for a comprehensive out-of-school experience in the coming year. (来年度には総合的な校外学習を計画しているそうだ。)

⁵⁵¹ **performance**
[pərfɔ́ːrməns]

実績，仕事ぶり

⁵⁵² **practical skills**

実技
practical skills in sports science (スポーツ科学における実技)
⊗ practical (実践的な)

⁵⁵³ **prize**
[práiz]

賞
The actor has received several prizes for his work. (その俳優は自身の作品に対してこれまでにいくつかの賞を受賞している。)

⁵⁵⁴ **recommendation**
[rèkəmendéiʃən]

推薦
a letter of recommendation (推薦状)

⁵⁵⁵ **volunteer**
[vὰləntíər]

ボランティア
The project is run by a group of volunteers.
(このプロジェクトは，ボランティアのグループによって運営されている。)

Q | If you were a teenager, would you prefer to enroll in the standard Japanese system, or try the six-year secondary school system? Why? (→ p.135)

1　①　The number of six-year public secondary schools (*Chutou Kyoiku Gakko*) are on the increase throughout Japan. A six-year secondary school is a school that combines junior high school and high school education.

5　②　Students will find that there are three main advantages to this system: less stress, more freedom, and more choice. There are no high school entrance exams to prepare for. They can continue their favorite club activities for five or six years, and they have a lot more choice in their academic studies as well. Schools usually
10 have their own unique and special curricula that can help students **reach their full potential**.

③　This learning environment also **allows** students **to explore their options** in greater detail, and gives them more time to prepare for the eventual university entrance exams. So far, the benefits seem
15 to be clear: the reorganization of junior and senior high schools into six-year secondary schools has led to higher overall scores and better results on entrance examinations to elite universities.

Words and Phrases

ℓ.2　on the increase	増加傾向で	ℓ.13 in greater detail	より詳細に
ℓ.3　combine	～を合併させる	ℓ.14 eventual	最後の，最終的な
ℓ.10 curricula	カリキュラム	ℓ.16 overall	全体的な
	（curriculum の複数形）		

全訳

① 公立の6年制中等教育学校は，全国的に増加傾向にある。6年制の中等教育学校とは，中学校と高等学校の教育課程を併せ持つ学校（中高一貫校）のことである。

② 生徒たちは，このシステムの3つの主要な利点——より少ないストレス，より多くの自由，より多くの選択肢があることに気づくだろう。高校入試に備えなくてよい。好きな部活を5年，6年と続けられる上，学問の面でも選択の幅が広がる。学校は，生徒が**潜在的能力を十分に発揮する**のを助けるために，独自の特別なカリキュラムを組んでいるのが一般的だ。

③ このような学習環境は，生徒が**自分の選択肢を**より詳細に**検討することを可能にし**，最終的な大学入試の準備により多くの時間を割くことができるようにする。これまでのところ，その効果は明らかなようだ。中学校と高等学校の，6年制の中等教育学校への再編は，えり抜きの大学への入試において，総合点の向上と成績向上をもたらしている。

Useful Expressions

② **reach one's full potential** 潜在的能力を十分に発揮する

We should strive to **reach our full potential**.（自分の可能性を最大限に発揮できるように努力すべきだ。）

③ **allow 人 to do** 人が…することを可能にする〔許可する〕

My teacher **allowed** me **to** go home as I felt sick at school.（先生は，学校で気分が悪くなった私に，帰宅を許可してくれた。）

③ **explore one's options** ～の選択肢を探る〔検討する〕

I'm going to visit several universities to **explore my options** before applying.（私は出願前に自分の選択肢を探るためにいくつかの大学を訪問するつもりだ。）

1 ④ In areas where the number of six-year public secondary schools is on the increase, fewer high schools are selecting students through high school entrance exams. Accordingly, the junior high school entrance exams for junior high schools and secondary
5 schools have become more competitive. Many children involved in local sports clubs have been quitting in the fourth or fifth grades so they can go to cram school. They also stop showing up at local festivals and other community events. Children are losing valuable opportunities for emotional growth and social contact.

10 ⑤ We need to carefully study the advantages and disadvantages of *Chutou Kyouiku Gakko* when compared to the system that we're familiar with. For example, what are some of the effects on individual and societal growth of the lowering of the age at which children sit for entrance examinations and make career decisions?

15 ⑥ When making policy decisions such as these that impact society **as a whole**, it is important to **weigh** what can be gained **against** what may be lost. The change to the six-year secondary school system will have wide-ranging impacts on quality of life and well-being for students and families alike. We need to stop
20 and consider what kind of education is best for future human resource development and for Japanese society as a whole.

. **Words and Phrases**

ℓ.2	select	～を選抜する	
ℓ.5	competitive	競争の激しい	
ℓ.6	quit	～を辞める	
ℓ.7	local festival	地域のお祭り	
ℓ.8	community event	地元の行事	
ℓ.9	social contact	社会とのつながり	
ℓ.18	wide-ranging	広範囲にわたる	
ℓ.19	alike	同様に	

全訳

④　公立の6年制の中等教育学校数が増えている地域では，高校入試で生徒を選抜する高校の数が少なくなっている。それに伴い，中学受験は競争が激化している。地域のスポーツクラブでは，小学4，5年生で辞めて塾に通う子も多くなっている。また，地域のお祭りなど，地元の行事にも顔を出さなくなる。子どもたちは，心の成長や社会とのつながりを持つための貴重な機会を失っている。

⑤　中等教育学校のメリット・デメリットを，我々がなじみのあるシステムと比較するにあたり，よく検討する必要がある。例えば，入試や進路決定の低年齢化が，個人と社会の成長に与える影響にはどのようなものがあるだろうか。

⑥　こうした社会**全体**に影響を与えるような政策決定を行う場合，得られるものと失われるかもしれないもの**を比較検討する**ことが重要である。6年制の中等教育学校制度への変更は，生徒にも家族にも同様に生活の質や幸福に広範な影響を与える。私たちは将来の人材育成と日本社会全体にとって，どのような教育が最もよいかを，立ち止まって考える必要がある。

A　質問：もしあなたが10代なら，日本の標準的な制度で入学するのと，6年間の中等教育学校制度にしてみるのと，どちらを希望しますか。

　　例：I would prefer the six-year secondary school because I would be able to try more things.（私は，より多くのことに挑戦できる6年制の中等教育学校を希望するでしょう。）

Useful Expressions

⑥　**as a whole**　全体として

The recent legislation will help Japan **as a whole**, but especially those in the lower 20% of society.（最近の法律は，日本全体を助けることになるが，特に社会の下位20%の人々を助けることになる。）

⑥　**weigh ~ against...**　～と…を比較検討〔吟味〕する

I want to go to Hawaii, but I must **weigh** the cost of travel **against** the balance of my bank account.（ハワイに行きたいのですが，かかる旅費に見合った残高が銀行口座にあるかどうかを比較検討しないといけません。）

◆ Education and Schools　教育・学校

556 career decision
進路決定，職業決定
What age did you make your career decision?
（あなたは何歳の時に進路を決めましたか。）

557 club activity
部活
club activities **at school**（学校の部活）

558 combined junior and senior high school
中高一貫校
six-year education at combined junior and senior high schools（中高一貫校での6年間の教育）

559 elite university
名門〔一流〕大学，エリート大学
Elite universities **are overrated.**（名門大学は過大評価されている。）

560 emotional growth
心の成長
An example of emotional growth **is being able to feel happy for another person's success, instead of feeling jealous.**（他人の成功を妬むのではなく喜べるようになることは，心の成長の一例である。）

561 physical growth
身体的な成長
Physical growth **is an increase in size.**（身体的な成長とは，サイズが大きくなることだ。）

562 entrance examination
入試
entrance examination **for high school**（高校入試）

563 human resource development
人材育成，人材開発
promote local employment and contribute to human resource development（地域の雇用を促進し，人材育成に貢献する）

564 primary education
初等教育
➡日本では，小学校6年間を指す。
In those days, some 70 per cent had only primary education**, or none.**（当時，約7割の人が初等教育しか受けていないか，まったく教育を受けていなかった。）

565 secondary education
中等教育
➡日本では，中学校3年間と高等学校3年間を合わせた6年間の教育を指す。

566 higher education

高等教育
➡日本では，大学，専門学校を指す。
In general, higher education is education at universities and colleges.（一般に，高等教育とは大学や専門学校での教育を指す。）

567 quality of life

生活の質
Quality of life (QOL) indicates how comfortable and satisfying a person's life is.（生活の質(QOL)とは，その人の生活がどの程度快適で，どの程度満足できるかを示すものである。）

568 reorganization
[riːɔ̀ːrɡənizéiʃən]

再編
派 reorganize（～を再編する）

569 secondary school

中等教育学校
➡日本では一般に，中学校から高等学校までの6年間を1つの学校において一貫した教育体制で行う学校のことを言う。
A secondary school ranks between a primary school and a college or university.（中等教育学校は，小学校と大学の中間に位置する学校である。）

570 societal growth

社会の成長
tourism as a force for societal growth（社会発展の原動力としての観光）
参 societal（社会の，社会に関する）

571 well-being

幸福，健康；福祉
have a sense of well-being（幸福感を得る）

29 Is Japanese high school education for all? (1)

日本の高校教育は万人向けか (1)

♪音声

Q | Besides preparation for entrance exams, what do you think is important in high school education? (→ p.141)

1 ① Approximately 46% of high school graduates do not go on to college, but instead choose vocational schools, junior colleges, or find employment. In high schools where many students wish to attend college, teachers tend to focus on preparing students
5 for college entrance exams. On the other hand, in schools where many students do not go to college, a number of teachers struggle to **meet the latent needs** of their students and to motivate them.

② In many cases, students in these schools do not feel that it is meaningful to study subjects such as mathematics, English, and
10 science. They tend to think that learning these subjects in school is not useful after graduation. Despite this, teachers use numerous handouts in class, and students can get through regular tests by simply **filling in the blanks** and memorizing the facts.

③ Can such old-fashioned teaching methods foster creativity,
15 critical thinking and an ongoing desire to learn in students who do not wish to go on to college? In recent years, student-centered teaching methods have been introduced to address the issues caused by such outdated teaching methods.

Words and Phrases

ℓ.1	approximately	約，およそ	ℓ.11	numerous	多数の，非常に多くの
ℓ.6	struggle to *do*	…するのに苦労する	ℓ.12	handout	配布資料
ℓ.7	latent	潜在的な	ℓ.17	address	(問題など) に取り組む [対
ℓ.7	motivate	～をやる気にさせる			応する]
ℓ.9	meaningful	有意義な	ℓ.18	outdated	(考え方が) 旧態依然の

全訳

① 高校卒業生の約46％が大学に進学することなく、専門学校・短大への進学や就職をする。進学希望者が多い高校では、教師が大学受験対策に力を入れる傾向がある。一方、進学しない生徒が多い学校では、生徒の**潜在的なニーズに応え**、生徒のやる気を引き出すことに苦心する教師が多い。

② 多くの場合、これらの学校の生徒は、数学、英語、理科といった科目を学ぶことに意味を感じていないようだ。それらの科目を学校で勉強しても卒業してからは役に立たないと考える傾向があるのだ。にもかかわらず、教師は授業中に大量のプリントを使い、生徒たちは**空欄を埋め**、事実を記憶するだけで定期テストを乗り切ることができる。

③ このような旧態依然とした教育方法で、大学進学を希望しない生徒の創造性、批判的思考、持続的学習意欲を育むことができるのだろうか。近年、このような時代遅れの教授法が引き起こす問題に対処するために、生徒中心の教育方法が導入されている。

Useful Expressions

① **meet the latent needs** 潜在的なニーズに応える

We should change our teaching methods to **meet the latent needs** of the students. （生徒たちの潜在的なニーズに合うように指導法を変えるべきだ。）

② **fill in the blank** 空欄を埋める

Fill in the blanks and answer the survey questions, please. （空欄を埋めてアンケートの質問にお答えください。）

30 Is Japanese high school education for all? (2)
日本の高校教育は万人向けか (2)

♪音声

1 ④ In Japanese high schools where many students do not **intend to** go on to college, Project-Based Learning (PBL) has been introduced to motivate students to learn. PBL is an educational philosophy in which students spend several weeks working on real-
5 world problems. For example, some students explore how to make their town's specialty products into a national brand.

⑤ Until now, in Japanese schools, club activities have been viewed as an opportunity to foster social skills. However, there is a limit to what can be done with the same members and
10 within the framework of a school. When students go out into the community, they will come into contact with local citizens and business people. It is believed that this experience will lead to practical learning as well as improving social skills.

⑥ For example, high school students in Ontario, Canada must
15 perform 40 hours of community service as a graduation credit. This community service is believed to help students become self-reliant, responsible, and tolerant of diversity. This activity provides an opportunity for students to consider their own possible career paths after graduation. We should not be afraid to **make**
20 **further changes** in Japanese high school education.

Words and Phrases

ℓ.4	philosophy	哲学，根本原理	ℓ.10 framework	枠組み
ℓ.6	specialty	特産，名産	ℓ.13 practical	実践的な
ℓ.6	national brand		ℓ.19 career path	キャリア [昇進] の道, キャ
	ナショナルブランド，製造業者商標			リアパス
ℓ.8	view A as B	A を B と考える		

全訳

④ 進学**するつもり**がない生徒が多い日本の高校では，生徒の学習意欲を高めるために PBL（課題解決型学習）が導入されている。PBL とは生徒が数週間かけて現実社会の問題に取り組む教育哲学である。例えば，生徒は「自分の町の特産品を全国ブランドにするにはどうしたらいいか」を探究する。

⑤ これまで日本の学校では，クラブ活動が社会性を育む機会だと捉えられてきた。しかし，同じメンバーで，学校という枠の中でできることには限界がある。生徒が地域社会に出ていくと，地元の方々や企業の方々と触れ合うことになる。この経験が社会性を伸ばすだけでなく実践的な学びにもつながると考えられている。

⑥ 例えば，カナダ・オンタリオ州の高校生は，卒業単位として 40 時間の社会奉仕活動を行うことが義務付けられている。この社会奉仕活動は，生徒が自立し，責任感を持ち，多様性に寛容になるために役立つと考えられている。この活動は，生徒が卒業後の自分の可能なキャリアパスを考えるきっかけにもなっている。日本の高校教育を**さらに変革する**ことを恐れてはいけない。

A　質問：受験対策以外で，高校教育に大切だと思うことは何ですか。
　　例：I think in high school education, learning to apply what students have studied is important.（高校教育において，生徒が勉強したことを応用するようになることは大切なことだと思います。）

Useful Expressions

④ **intend to *do***　…するつもりである

I **intend to** work overseas when I finish university.（大学を卒業したら，海外で働くつもりだ。）

⑥ **make further changes**　さらに変更〔変革〕する

We should **make further changes** in our education system.（私たちは，教育制度をさらに変革すべきであろう。）

テーマ単語まとめ

♪音声

◆ After Graduation from High School 高校卒業後

572	find employment	就職する，働き口を見つける

those who want to work but who are unable to find employment（働きたいが働き口が見つからない人）

573	four-year college	四年制大学
574	junior college	短期大学
575	vocational school	専門学校，専修学校

| 576 | go on to college | 大学に進学する |

Fifty-one percent of the graduates go on to college.（卒業生の51%が大学に進学している。）

| 577 | graduate school | 大学院 |

| 578 | students waiting to retake the university entrance exam | 浪人生 |

◆ Japanese High Schools and Classes 日本の高校と授業

| 579 | creativity
[krìːeitívəti] | 創造性 |

a task requiring no human creativity or ingenuity（人間的な創造性や独創性を必要としない仕事）

| 580 | critical thinking | 批判的思考 |

critical thinking skill（批判的思考力）

| 581 | cultivate
[kʌ́ltəvèit] | [他]〜を養う，〜を育成する；耕作する |

It is beneficial for us to cultivate a positive mental attitude towards ourselves.（自分に対してポジティブな心構えを養うことは有益なことだ。）

| 582 | develop
[divéləp] | [他]〜を開発する；〜を発展させる |

The aim is to develop your computer skills.（あなたのコンピュータスキルの向上を目指している。）

| 583 | foster
[fɔ́ːstər] | [他]〜を育む，（自然に育つこと）を支援する |

how to foster innovation in the workplace（職場のイノベーションを促進する方法）

584 □ **nurture** [nə́:rtʃər]	[他] 〜を育成する，〜を（優しく大事に）育む His father nurtured Tom's mathematical talent from an early age.（トムは幼い頃から父親に数学の才能を育てられた。）
585 □ **know 〜 by heart**	〜をそらで覚えている，〜を暗記している He knew her email address by heart.（彼は彼女のメールアドレスを暗記していた。）
586 □ **learn 〜 by rote** **(by heart)**	〜を丸暗記する Learning times tables by rote can mean a child knows the numbers but not what they mean.（九九を暗記すると，子どもは数字は知っていても，その意味は知らないことになり得る。） 参 rote learning（丸暗記）
587 □ **memorize** [méməràiz]	[他] 〜を記憶する，〜を暗記する Reading through a poem out loud is the fastest way to memorize it.（詩を声に出して読むことは，詩を記憶するための最短の方法だ。）
588 □ **old-fashioned**	[形] 旧態依然とした，時代遅れの We are used to old-fashioned classes where we are lectured.（私たちは，講義を受けるような昔ながらの授業に慣れている。）
589 □ **ongoing desire to learn**	持続的学習意欲 develop an ongoing desire to learn（継続的な学習意欲を身につける） 参 ongoing（継続中の，進行中の，前進する）
590 □ **Project-Based Learning, PBL**	課題基盤型学習，課題解決型学習 Project-Based Learning (PBL) is a teaching method in which students learn by discovering and solving problems on their own.（課題解決型学習（PBL）とは，生徒が自ら問題を発見し，解決することで学ぶ教育方法だ。）
591 □ **social skill**	社会的スキル Parents should help their children develop their social skills.（親は，子どもが社会的スキルを身につけるのを手助けしてあげるのがよいだろう。）
592 □ **student-centered**	[形] 生徒（学生）中心の student-centered education（生徒主体の教育）

High School Subjects 高校の教科名

☐ 593 **Japanese language** 国語

☐ 594 **contemporary Japanese** 現代文

☐ 595 **classics** 古典
[klǽsiks]

☐ 596 **geography and history** 地理歴史

☐ 597 **world history** 世界史

☐ 598 **Japanese history** 日本史

☐ 599 **geography** 地理
[dʒiágrəfi]

☐ 600 **politics and economy** 政治・経済

☐ 601 **mathematics, math** 数学
[mæ̀θəmǽtiks], [mǽθ]

☐ 602 **science** 理科
[sáiəns]

☐ 603 **physics** 物理
[fíziks]

☐ 604 **chemistry** 化学
[kéməstri]

☐ 605 **biology** 生物
[baiálədʒi]

☐ 606 **earth science** 地学

☐ 607 **health and physical education** 保健体育

☐ 608 **art** 芸術
[ɑ́ːrt]

☐ 609 **home economics** 家庭

☐ 610 **information** 情報
[ìnfərméiʃən]

☐ 611 **special activities** 特別活動

◆ The Ideal Class 理想の授業

612 come into contact with 〜	〜と触れ合う，〜と接触する	

612 come into contact with 〜 — 〜と触れ合う，〜と接触する
We come into contact with **various people and things in our daily lives.** （私たちは日常生活の中で，さまざまな人やモノと接している。）

613 community
[kəmjúːnəti] — 地域社会，共同体
community **college**（コミュニティ・カレッジ）米国にある公立の2年制大学。

614 community service — 地域奉仕活動

615 credit
[krédit] — 履修単位
get（**course**）credits（単位を取得する）

616 **embodied learning** — 体現された学習
➡身体的，感情的，認知的な誰もが本来持っている自律的な能力に着目し，学習プロセスを構築する教育的アプローチ。

617 **experiential learning** — 体験学習

618 **hands-on learning** — 実践（的な）学習

619 perform
[pərfɔ́ːrm] — ［他］〜を遂行する
perform **a function**〔**duty**〕（役割〔義務〕を果たす）

620 responsible
[rispánsəbl] — ［形］責任のある
He is responsible **for designing the whole project.** （彼はプロジェクト全体のデザインを担当している。）

621 self-reliant — ［形］自立した
It is essential to teach children to be self-reliant. （子どもたちに自立心を身につけさせることが肝心だ。）

622 tolerant of diversity — 多様性に寛容な
Students at this school were more tolerant of diversity **than others.** （この学校の生徒は，他の生徒よりも多様性に寛容であった。）

MEMO

Chapter 4

さらなるグローバル化
のために

大学生・社会人を育てるには？
自分をどう高めていくか？

将来，自分にはどのような能力が必要になるのだろう，という不安を感じていませんか。さまざまなことが**デジタル化**（digitization）し，**人工知能**（AI）によって生活のあり方が大きく変わることが予測されています。当然，学校教育，企業研修，自己啓発において開発すべき能力にも大きな変化を及ぼすことでしょう。事実，日本を含め世界各国で**教育改革**（educational reform）が進んでいます。そんな中，経済力による**教育格差**（educational disparity）も問題視されています。

また，企業の海外展開がさらに進むことが予想されており，**グローバルに通用する**（globally competent）ビジネスパーソンをどのように大学と企業は育てるべきなのか，といった課題があります。

しかし，どんな力を身につけるべきかの議論の前に，そもそも日本の社会人の**自己啓発**（self-improvement）についてショッキングなデータがあります。それは，日本の社会人の勉強量は世界の先進国の中で最も少ないということです。これはなぜなのでしょうか。日本の**企業文化**（corporate culture），人材採用のねらい，企業内研修の存在などとも関わりがありそうです。

また，人財育成という点で，大学と企業の**協働**（collaboration）は果たしてこのままでよいのだろうかという課題があります。就職先では大学で学んだことを依然として活かせないことが多いのです。また，企業で新入社員に行われる基礎的な研修にも無駄がありそうです。

企業活動のグローバル化が進展する中，これまでの経験の枠を超えた新たな難題に企業が直面することが多くなっています。このような環境において活躍しつづけるために，私たちは学生時代に何を経験し，何を学んでおくべきなのでしょう。近年，**海外留学**（studying abroad）と**リベラルアーツ教育**（Liberal Arts education）に再び注目が集まっているのはなぜでしょうか。

目の前の仕事をこなすことに専心されているビジネスパーソンや，進路を決めかねている学生の皆さん，将来の日本，そして世界の状況を想像した上で「教育，学び，キャリア，自己啓発」をジブンゴトとして考えてみませんか。

31 The Future of Education (1)
これからの教育のために (1)

♪音声

> **Q** In the age of AI, what kind of skills do you think students should learn? (→ p.153)

1　① With advancements in technological trends such as digitization, AI and ICT, students are learning in different ways. Many educators say that students need to be taught not only basic skills such as math and language, but also applied skills to think
5　independently and solve real-world problems.　In light of this, collaborative learning approaches such as interactive assignments and inquiry-based group work have become increasingly prioritized in many countries and regions.

　② One major issue in the United States is the gaps in learning
10　caused by factors such as family incomes and state-by-state differences.　To **address this problem**, the Common Core State Standards Initiative was **launched** on a nationwide level in an effort to improve scores on the PISA (Programme for International Student Assessment) and other achievement tests.　This program
15　aims to ensure that all students acquire the literacy and numeracy skills they need for college and work by the time they graduate from high school.　It emphasizes deep thinking and introduces methods such as collaborative and cross-curriculum learning geared toward realistic problem-solving.

Words and Phrases

ℓ.1	advancement in ~	ℓ.10	family income　家計収入，家計所得
	～の進歩［向上］	ℓ.10	state-by-state　州ごとの，州それぞれの
ℓ.5	real-world　現実の世界の，実在の	ℓ.12	initiative　構想；主導権，イニチアチブ
ℓ.5	in light of ~　～の観点から	ℓ.15	ensure that ...　…を保証する
ℓ.6	approach　取り組み方，アプローチ	ℓ.19	geared toward ~
ℓ.8	prioritize　～を最優先する		～をターゲットにしている

150

全訳

① デジタル化，AI（人工知能），ICT（情報通信技術）などの技術的動向の進展に伴い，生徒の学習方法も多様化している。多くの教育関係者は，生徒には数学や言語などの基礎的なスキルだけでなく，自ら考え，実社会の問題を解決するための応用的なスキルについても学ぶ必要があると述べている。こうした背景から，多くの国や地域で，対話型課題や探究型グループワークなどの協働学習のアプローチがますます優先されてきている。

② 米国では，世帯収入や州ごとの違いなどに起因する学習の格差が大きな問題の一つとなっている。**この問題に対処する**ため，PISA（OECD 生徒の学習到達度調査）などの学力テストの点数の向上を目指し，全国レベルで全米共通基礎スタンダード構想が**開始された**。この構想では，高校卒業時までにすべての生徒が大学や仕事で必要な読み書きの能力と計算能力のスキルを身につけることを保証することを目的としている。深く考えることを強調し，現実的な問題解決に向けた協働学習や教科横断的学習などの手法を導入している。

Useful Expressions

② **address a problem（an issue）** 問題〔課題〕に対処する〔取り組む〕

She never properly **addressed the issue** in her speech.（彼女はスピーチの中で，この課題をきちんと取り上げることはなかった。）

② **launch** （重要な活動）を始める〔開始する〕

launch はロケットやミサイルを「打ち上げる」や「発射する」などの意味を持つが，仕事や計画について「~を始める」の意味でも使われる。
The company is about to **launch** its new advertising campaign.（その会社は新しい広告キャンペーンを開始しようとしている。）

1 ③　This type of education requires a supportive learning environment that can accommodate each student. It also requires instructors with high qualifications, advanced teaching skills, and sufficient preparation time. At present, it has been **pointed out**
5 **that** such educational reform may in fact lead to the widening of educational disparities. Various cultural, social and economic inequalities exist in the United States. Compounding the issue are the vast differences in student motivation levels, basic academic skills, and teacher workloads that exist across the U.S.

10 ④　Although Japanese children may not face the same kind of gaps found in America, there is much that can be learned from examining the case in the U.S. For example, the basic skills that support applied skills, and teaching methods to find the best balance between basic and applied skills. Recently in Japan, the
15 new Course of Study has been implemented as teaching standards for all schools, from elementary through high school. The emphasis of these guidelines is on the development of applied skills that can **respond to** the changing times. We need to continue to examine the results of these new guidelines from various angles so
20 that we can ensure the growth of our children.

*ℓ.7 Compounding the issue are... : the vast differences ～ the U.S. が主語。長いので後置されている。

Words and Phrases

ℓ.1	supportive	協力的な，支援する	ℓ.7	compound	（問題・状況）を悪化させる
ℓ.2	accommodate	（人）を受け入れる	ℓ.8	vast	膨大な
ℓ.3	instructor	講師，指導者	ℓ.9	workload	仕事量
ℓ.4	sufficient	十分な	ℓ.18	the changing times	時代の変化
ℓ.5	widening	拡大，拡張	ℓ.19	angle	角度，見方，切り口
ℓ.7	inequality	不平等			

全訳

③　このような教育には，生徒一人ひとりに合わせた支援型の学習環境が必要だ。また，高い資質と高度な指導力，そして十分な準備時間の確保が可能な指導者が必要である。現在，このような教育改革は，かえって教育格差の拡大につながる恐れがある**と指摘されている**。米国には，文化的，社会的，経済的にさまざまな不平等が存在する。さらに問題を一層ひどくしているのは，生徒のモチベーションレベル，基礎学力，教師の仕事量などに，アメリカ全土で大きな差があることだ。

④　日本の子どもたちは，アメリカで見られるような格差に直面していないかもしれないが，アメリカの事例を検証することで学べることはたくさんある。例えば，応用力を支える基礎力，基礎力と応用力のバランスをとるための指導法などだ。近年，日本では小学校から高校までのすべての学校の指導基準として，新しい学習指導要領が実施されている。これらの指針では，時代の変化に**対応する**ことのできる応用力の育成に重点が置かれている。私たちは子どもたちの成長を確かなものにするために，この新しい指針の結果を，今後もさまざまな角度から検証していく必要がある。

A　質問：AIの時代において，生徒たちはどんなスキルを学ぶべきだと思いますか。
例：I think students should learn how to think critically and to express themselves logically.（いかに批判的に考えるかと論理的に自分の考えを表現するかを学ぶべきだと思います。）

さらなるグローバル化のために　**4**

Useful Expressions

③　**point out that...**　…ということを指摘する

He **pointed out that** educational reform was not always a good thing.
（彼は教育改革は必ずしもよいことではないということを指摘した。）

④　**respond to ～**　～に対応〔反応〕する

Educational institutions need to **respond** positively **to** globalization.
（教育機関はグローバル化に積極的に対応する必要がある。）

153

◆ Skills Needed Today　現代に必要とされるスキル

623 a bird's eye view
俯瞰図
➡高所から地上を見おろしたように描いた図。
the ability to look at things from a bird's eye view（物事を俯瞰する力）

624 applied skill
応用的なスキル，応用力

625 basic skill
基礎的なスキル，基礎力

626 contribution to society
社会貢献
make a contribution to society（社会に貢献する）

627 deep thinking
熟慮
Deep thinking **reveals something very basic.**
（深く考えてみると，とても基本的なことが見えてくる。）

628 embrace change
変化を受け入れる
The young people are willing to embrace change **enthusiastically.**（若い人たちは，変化を熱心に受け入れようとしている。）

629 foresight
[fɔ́:rsàit]
（将来に対する）洞察力，先見の明
He had the foresight **to invest in new technology.**
（彼には新しい技術に投資する先見の明があった。）
⇔ **hindsight**（後になってからの判断）

630 insight
[ínsàit]
洞察力
I hope you have gained some insight **into the difficulties they face.**（彼らが直面する困難について，少しでもご理解いただけたなら幸いだ。）

631 forward planning
将来計画，前向きな計画
The school system requires more forward planning.（学校制度は，もっと先を見据えての対応が必要である。）

632 management skill
マネージメント力，経営能力
He was running a large company and undoubtedly had management skills.（彼は大きな会社を経営しており，経営能力があることは間違いなかった。）

633 □	**perspective of coexistence**	共存の視点 **from the** perspective of coexistence **with the global environment**（地球環境との共生の観点から）
634 □	**strive for financial literacy**	金融リテラシー（向上）のために努力する **They** strive for financial literacy **and feel comfortable reading their balance sheet.**（彼らは金融リテラシー向上に努め，貸借対照表を読むことに抵抗がない。）

◆ **Essential Competencies for Business People　社会人基礎力**

635 □	**ability to discover issues**	課題発見力 ➡現状に満足せず，現状を把握・分析し，課題を見つけ出す能力のこと。 圏 **clarify issues**（課題を明確にする）
636 □	**ability to take action**	実行力 **Other people and situations affect our** ability to take action.（他の人々や状況は，私たちの行動力に影響を与える。）
637 □	**ability to think things through**	考え抜く力 圏 **think ~ through**（~を考え抜く）
638 □	**analyze the current situation**	現状を分析する **grasp and** analyze the current situation（現状を把握し分析する）
639 □	**autonomous thinking**	自律的な思考力 圏 **autonomous**（自律した）
640 □	**create new values**	新しい価値を生み出す ≒ **generate new values**
641 □	**create scenarios**	シナリオを描く〔作る〕 **You should** create **all the possible** scenarios **in your head.**（考えられるすべての筋書きを作っておくことだ。）
642 □	**do not wait for instructions**	指示待ちにならない
643 □	**make a steady effort**	粘り強く取り組む **He** made steady efforts **to improve his physical condition.**（彼は体調を改善するために地道な努力を重ねた。）

4　さらなるグローバル化のために【単語】

644	on one's own initiative	自主的に，自ら進んで，自分の自由意思で He did it on his own initiative.（彼は自分の意志でそれをした。）≒ independently
645	planning skills	企画力，計画立案力 educate small business owners in basic business planning skills（中小企業経営者に基本的なビジネスプランニング力を教育する） 参 plan for 〜（〜に対する計画を立てる）
646	problem finding and solving skills	問題発見・解決力 foster problem finding and solving skills（問題発見・解決力を育成する） 参 solve problems（問題を解決する）
647	provide logical answers	論理的に答えを出す a theory that provides logical answers about what is right and wrong（何が正しくて，何が間違っているのか，論理的に答えを出す理論）
648	set a goal	目標を設定する If you want to improve your diet, set achievable goals.（食生活を改善したいのであれば，達成可能な目標を設定しなさい。） 参 goal setting（目標設定）
649	value the process	プロセスを大事にする，プロセスに価値を認める value the process over the end result（結末より過程を大事にする）

◆ **The Ability to Work in Teams**　チームで働く力

650	ability to communicate	発信力，コミュニケーション力 The ability to communicate effectively with superiors, colleagues, and staff is essential.（上司，同僚，スタッフと効果的にコミュニケーションをとる能力は不可欠である。）
651	ability to cooperate with others	協調性 The ability to cooperate with others is an ability your child will carry with him or her into adulthood.（協調性は，子どもが大人になるまで持ち続ける能力である。）
652	communicate 〜 in a way that is easy to understand	〜をわかりやすく伝える If you communicate your information in a way that is easy to understand, it will be understood.（わかりやすく情報を伝えれば，それは必ず理解される。）

653 □	**connect with diverse people**	多様な人とつながる **find common ground and** connect with diverse people（共通項を見出し，多様な人々とつながる）
654 □	**flexibility** [flèksəbíləti]	柔軟性，融通性 **Their schedule doesn't allow much** flexibility. （彼らのスケジュールはあまり融通が利かない。）
655 □	**keep promises to others**	人との約束を守る **the ability to** keep promises to others（人との約束を守る力）
656 □	**keep to the rules**	規則を守る，規則に従う
657 □	**listen actively**	傾聴する 参 **active listening**（傾聴）
658 □	**relationship with those around you**	周囲との関係性
659 □	**understand the situation**	状況を把握する
660 □	**work together toward a goal**	目標に向けて協力する

さらなるグローバル化のために【単語】

◆ Education Reform in the U.S.　アメリカの教育改革

661	achievement test	学習到達度テスト，学力テスト **the results of** achievement tests（学力テストの結果）
662	basic academic skills	基礎学力
663	cross-curricular	［形］教科横断的な ⊛ **curriculum**（複数形は **curricula**）（カリキュラム）
664	educational disparity	教育格差 **address** educational disparity（教育格差に対処する）
665	educational reform	教育改革
666	**illiterate** [ilítərət]	［形］読み書きのできない **A large percentage of the people in the area were** illiterate.（この地域の多くの人は，読み書きができなかった。）
667	**literate** [lítərət]	［形］読み書きができる
668	**literacy** [lítərəsi]	読み書きの能力 **basic** literacy **skills**（基本的な読み書き能力）
669	learning environment	学習環境 **child-friendly** learning environment（子どもに優しい学習環境）
670	**numeracy** [njú:mərəsi]	計算能力 ⊛ **number**（数）
671	problem-solving	［形］問題解決の problem-solving **abilities**〔**skills**；**strategies**〕（問題解決能力〔スキル；戦略〕）
672	**qualification** [kwὰləfikéiʃən]	資質，資格 **academic** qualifications（学歴）
673	teaching method	指導法
674	teaching skill	指導力

◆ Towards the Future of Education　教育の今後に向けて

675	collaborative learning	協働学習 ➡生徒同士が話し合って結論を導き出し，与えられた課題を解決していく学習法。
676	implement [ímpləmènt]	［他］〜を実施する **A new work programme for elderly people will be** implemented.（高齢者のための新しいワークプログラムが実施される予定だ。） ≒ **carry out** 〜
677	inquiry-based	［形］探究型の
678	interactive [ìntəréktiv]	［形］対話型の，インタラクティブな **create an** interactive **learning experience by using ICT**（ICT を活用してインタラクティブな学習体験を創出する）
679	interpersonal [ìntərpɔ́ːrsənl]	［形］対人関係の interpersonal **skills**（対人能力，人とうまくやっていく能力）
680	technological trend	技術的動向

♪音声

> **Q** What kind of recurrent education do you think would increase your employment prospects? (→ p.163)

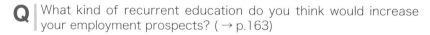

1　① Up until recently, life in Japan has been seen as a three-stage process: education, work, and finally retirement. In this traditional mindset, recurrent education, such as going back to university for a better career or income, is largely absent. New 5 certifications that are directly related to jobs and income don't have an impact on wages, and are thus seen as having low return on investment (ROI).

② After the collapse of the bubble economy and the Lehman shock, the lifetime employment system has been unsustainable 10 in Japan. Today, a significant number of people are working for stagnant wages or in non-regular employment.

③ Despite this background, according to a study by the Organization for Economic Co-operation and Development (OECD), working people in Japan study the least among the 15 world's developed countries. Today, society and technology are changing at a dizzying pace. Furthermore, lifespans are continuing to increase. **Under these circumstances**, can we expect to continue working happily and **contributing to** society without self-improvement and self-development?

Words and Phrases

ℓ.3	mindset	考え方，ものの見方	ℓ.8 collapse of the bubble economy
ℓ.4	absent	（あるべきものが）ない	バブル（経済）崩壊
ℓ.5	certification	証明書	ℓ.9 lifetime employment
ℓ.6	have an impact on ~		終身雇用
		~に影響を与える	ℓ.9 unsustainable 維持できない
ℓ.6	return on investment（ROI）		ℓ.16 dizzying めまいがするような
		投資利益率；投資対効果	

全訳

① つい最近まで日本では，人生とは「教育」，「仕事」，そして最後に「老後」の３段階であると考えられてきた。この伝統的な考え方では，よりよいキャリアや収入を得るために大学に戻るというような，リカレント教育はほとんど存在していない。仕事や収入に直結する新たな証明書が賃金に影響しないため，投資対効果が低いと見られている。

② バブル経済の崩壊やリーマンショック以降，日本では終身雇用制は維持しがたくなっている。現在では，相当数の人が伸び悩む賃金のもとで働いていたり，非正規雇用で働いている。

③ このような背景がありながら，OECD（経済協力開発機構）の調査によると，日本の社会人の勉強量は世界の先進国の中で最も少ない。現代は，社会も技術もめまぐるしく変化している。また，寿命は延び続けている。**このような状況において**，私たちは自己研鑽や自己啓発をせずに，幸せに働き続け，社会**に貢献し**続けることができるのだろうか。

Useful Expressions

③ **under these circumstances** このような状況では

Under these circumstances, we need to work overtime. （こういう状況では残業せざるを得ない。）

③ **contribute to 〜** 〜に貢献する，〜に役立つ

A pleasant study environment **contributes to** better grades. （快適な学習環境は成績向上に貢献する。）

1 ④　The style of corporate culture in Japan is often described by the word "membership." Large companies employ young graduates as "members" of the company, though they lack sufficient work experience. They **are guaranteed** employment
5 by the company while they gain specific skills to work in that institution. This is a result of the lifetime employment system which was in place for so many years. In this system, employees are trained internally as generalists, and aim for promotion within the company. However, those who lose that internal competition
10 may be transferred to a subsidiary or encouraged to retire early.

⑤　In other G7 countries, the trend is for companies to hire people with the right qualifications externally as needed. The end result is that employees in other countries are forced to continually educate themselves if they want a promotion or change of career.
15 In contrast, employees in Japan rely on their own in-house training programs. Can employees continue to grow independently under these conditions? Many companies in Japan can no longer guarantee lifetime employment. In light of this situation, **it is time for** Japanese business people **to** begin improving their own
20 abilities so that they can choose to change jobs on their own.

Words and Phrases

ℓ.4	sufficient	十分な	ℓ.10 subsidiary	子会社
ℓ.7	in place	実施されて	ℓ.12 as needed	必要に応じて
ℓ.8	internally	内部で，社内で	ℓ.12 end result	結末，最終結果
ℓ.8	generalist	ゼネラリスト，全体的な知識を持つ人 (⇔スペシャリスト)	ℓ.15 in-house	社内の
			ℓ.18 in light of ~	~に照らせば，~の観点から

④　日本の企業文化のスタイルは，しばしば「メンバーシップ」という言葉で表現される。大企業は，十分な実務経験がないにもかかわらず，若い新卒者を「メンバー」として採用する。彼らは，その組織で働くための特定のスキルを身につける間，雇用**が保証される**。これは，長年にわたって存在していた終身雇用制の結果である。この制度では，社員はゼネラリストとして社内で育成され，社内での昇進を目指す。しかし，その社内競争に敗れた者は，子会社へ異動になったり，早期に退職することを勧められたりする。

⑤　他の G7 諸国では，企業が必要に応じて適切な資格を持つ人材を外部から採用する傾向がある。その結果，海外では昇進や転職を希望する従業員は継続的に自己啓発をすることを余儀なくされている。 一方，日本では，従業員は社内の研修制度に頼っている。このような状況で，従業員は主体的に成長し続けることができるのだろうか。日本では，多くの企業が終身雇用を保証できなくなってきている。このような状況を踏まえると，日本のビジネスパーソンは，自らの意思で転職を選択できるよう，自らの能力を高めることから始める**べき時期である**。

A　質問：どのようなリカレント教育を受ければ，就職の可能性が高まると思いますか。
　　　例：Improving my English skills would increase my employment prospects.
　　　　（英語力が上がれば，就職の可能性も広がるでしょう。）

Useful Expressions

④　**be guaranteed ～**　　～を保証されている

I have a ticket, so I **am guaranteed** a seat at the concert.（私はチケットを持っているので，コンサートの席は確保されている。）

⑤　**it's time for ～ to *do***　　まさに～にとって…する時だ

It's getting late. **It's time for** us **to** get ready to go home.（遅くなってしまった。 そろそろ帰る支度をしないと。）

テーマ単語まとめ

♪音声

681 data science
データサイエンス
➡数学や統計学，機械学習，プログラミングなどの理論を活用して，莫大なデータの分析や解析を行い，新たな科学的および社会に有益な知見を引き出そうとするアプローチ。

682 equalization of educational opportunities
教育機会の平等化
The equalization of educational opportunities refers to minimize the educational gap between the privileged and the under privileged. (教育機会の均等化とは，恵まれた人々と恵まれない人々の間の教育格差を最小化することだ。)

683 full-time work
フルタイム〔常勤〕の仕事
⇔ part-time work（パートタイムの仕事）

684 leave system
休暇制度
care leave system（介護休業制度）

685 lifelong learning
生涯学習
The lifelong learning courses give adults the chance to keep learning. (生涯学習講座は，大人が学び続ける機会を与えてくれる。)

686 lifelong learning system
生涯学習システム
There are many steps that cities can take to develop a lifelong learning system. (生涯学習システムの構築のために，都市ができることはたくさんある。)

687 maternity leave
産休，産前産後休業
take maternity leave（産休を取る）

688 maternity leave cover staff
産休カバースタッフ
➡ アメリカやヨーロッパなどでは若い人がこのようなスタイルで就労する。

689 parental leave
育休，育児休暇

690 programming
[próugræmiŋ]
プログラミング
Programming is the process of creating a set of instructions that tell a computer how to perform a task. (プログラミングとは，コンピュータにあるタスクを実行する方法を指示する一連の命令を作成するプロセスである。)

691	recurrent [rikə́:rənt]	［形］再発する，繰り返し起こる Fruits are a recurrent theme in his still life paintings.（果物は，彼の静物画の中で繰り返し描かれるテーマである。）
692	recurrent education	リカレント教育 ➡学校教育を修了した社会人が，それぞれのタイミングで学び直し，社会で求められる能力を磨き続けるという循環教育制度のこと。回帰する教育，往還する教育。
693	reinstatement [rìːinstéitmənt]	復帰 reinstatement to one's former position（復職，前職への復帰） 派 reinstate（～を復職させる）
694	relearn [riːlə́ːrn]	［他］～を再学習する，～を学び直す Many people of my age are interested in relearning English.（私の年代では，英語を学び直したいと思っている人が多い。）
695	self-improvement	自己研鑽，自己改善，自己啓発 These self-improvement books will help you have the most important knowledge for a better self.（これらの自己啓発本は，よりよい自分になるための最も重要な知識を得るのに役立つ。） ≒ self-development
696	training and education benefits system	教育訓練給付制度 You are eligible to use training and education benefits system.（あなたは教育訓練給付制度を利用する資格がある。）
697	vocational skills	職業能力 These are vocational skills required for a modern industrialized society.（これらは，現代の工業化社会で必要とされる職業能力である。）

◆ Background of Recurrent Education　リカレント教育の背景

698	declining birthrate and aging population	少子高齢化 Japan's unprecedented rate of declining birthrate and aging population（日本がかつて経験したことのないスピードで進む少子高齢化）
699	increase in retirement age	定年の引き上げ impact of increase in retirement age（定年退職年齢の引き上げによる影響）

700 □ **life expectancy**	寿命	
	Life expectancy will increase.（寿命が伸びるだろう。）	
701 □ **average life expectancy**	平均寿命	
	The United Nations estimated a global average life expectancy of 72.6 years for 2019.（国連の推計によると，2019 年の世界平均寿命は 72.6 歳だった。）	
702 □ **healthy life expectancy**	健康寿命	
	➡平均寿命とは「0 歳における平均余命」のこと。一方，健康寿命とは，「健康上の問題で日常生活が制限されることなく生活できる期間」のこと。	
703 □ **lifespan** [láifspæn]	寿命	
	Men have a shorter lifespan than women.（男性は女性より寿命が短い。）	
704 □ **maintain a social system**	社会システムを維持する	
705 □ **pensioner** [pénʃənər]	年金受給者	
	派 pension（年金）	
706 □ **retiree** [ritàiərí:]	退職者	
	active retirees（活動的な退職者）	
	派 retirement（退職）	
707 □ **women who quit work to raise kids**	育児のために仕事を辞めた女性	

◆ Corporate Culture in Japan　日本の企業文化

708 □ **be transferred to ～**	～へ転勤〔異動〕になる	
	He was transferred to the Birmingham office.（彼はバーミンガム事務所に異動になった。）	
709 □ **transfer** [trǽnsfə:]	異動，転勤	
710 □ **change jobs**	転職する	
	Why have you changed jobs so frequently?（なぜあなたはそんなに頻繁に転職を繰り返したのですか。）	
711 □ **change of career**	転職	
	A change of career can bring new experiences.（転職は，新しい経験をもたらすものだ。）	
	≒ career change	
712 □ **corporate culture**	企業文化	
	create corporate culture（企業文化を創造する）	

713 ☐	**early retirement plan**	早期退職制度 ➡定年前に退職を望む社員に対して，優遇措置を設けて自主的な退職を促す制度のこと。
714 ☐	**hiring of new graduates**	新卒採用 ≒ **graduate recruitment**（大卒者の採用）
715 ☐	**promotion** [prəmóuʃən]	昇進 **a seniority-based** promotion（年功序列型の昇進） promotion **based on merit**（実績に基づく昇進）
716 ☐	**retire early**	早期退職する，早く引退する **self-made millionaires who** retired early （早く引退した，たたき上げの大富豪） 参 **early retirement**（早期退職）
717 ☐	**retirement** [ritáiərmənt]	退職，老後 ➡「退職」の他，「年齢を重ねたために仕事をしなくなった人生のこと」も意味する。 **Your** retirement **years should be focused on you, your family and doing things you love.**（退職後の日々は自分と家族，そして好きなことをすることに集中すべきだ。）
718 ☐	**stagnant wage**	伸び悩む賃金 **financial losses from** stagnant wage **growth** （賃金の伸び悩みによる経済的損失）
719 ☐	**work experience**	実務経験 work experience **abroad**（海外での就労経験）
720 ☐	**working people**	社会人，勤労者 **graduate school for** working people（勤労者向け大学院）

◆ Employment and Labor　雇用・労働

721 ☐	**annual income**	年収 **household** annual income（世帯年収）
722 ☐	**annual salary system**	年俸制 ➡1年単位の給与を決定し，その金額を分割して毎月支払う制度。成果や能力が反映される成果主義の企業で採用されることが多い傾向にある。

723 contingent worker　臨時職員

A contingent worker is a person who works for a company, but is not employed permanently by it. (臨時従業員とは，企業のために働くが，その企業に無期雇用ではない人のことである。)

派 contingent（偶然の，予想できない）

724 contract worker　契約社員

A contract worker is a person who has a temporary contract to do a particular piece of work. (契約社員とは，特定の仕事をするために一時的に契約している人のことだ。)

725 freelance work　自由契約労働，フリーランスの仕事

Freelance work is a great option if you're looking to set your own hours, work from anywhere, or pick up projects that interest you most. (フリーランスの仕事は，自分で時間を決め，どこにいても仕事ができ，自分の興味のあるプロジェクトを選びたい人には最適な選択肢だ。)

派 freelance worker（フリーの労働者）

726 freelancer　フリーランサー
[fríːlænsər]

A freelancer is someone who works for themselves. (フリーランサーとは，自分自身で仕事をする人のことだ。)

727 income per hour　時間給

= hourly wage

728 part-time worker　アルバイト，パート従業員

hire part-time workers（アルバイトを雇う）

729 regular employment　正規雇用

派 regular employee（正社員）

730 non-regular employment　非正規雇用

派 non-regular employee（非正規社員）

731 temporary worker　臨時職員，派遣社員

lay off temporary workers（派遣社員を解雇する）

MEMO

♪音声

Q | Should Japanese universities and companies cooperate more in terms of human resource development? Why, or why not?(→p.173)

① Collaboration between companies and universities in Japan is insufficient **with regard to** the required minimum skills and knowledge of graduates. Many professors point to a lack of trust from companies in the content of university education (especially
5 in Arts Faculties).

② In fact, many companies develop their own in-house programs to train employees fresh out of college. They tend to believe these programs are more useful for creating a competitive workforce. While greater collaboration is ideal, we should **keep in mind** the
10 strong belief among university professors that university education is not designed only to nurture human resources for businesses.

③ When companies decide to offer jobs to university students, they look for new recruits who have the "ability to build good relationships with others." They also value experiences in group
15 activities such as clubs and sports or part-time jobs far higher than the area of study or grades obtained at university. Most students receive employment offers in the spring semester of their senior year, long before completing their graduation thesis or graduation tasks, which would usually prove their abilities in other countries.

Words and Phrases

ℓ.2	insufficient	不十分な，不適当な	ℓ.11 be designed to *do* …することを意図している
ℓ.2	required	必須の	ℓ.11 nurture ～を育成する
ℓ.3	point to ~	～を指摘する	ℓ.11 human resource 人材
ℓ.7	fresh out of ~	～から出た〔卒業した〕ばかりで	

全訳

①　卒業生に必須の必要最低限のスキルや知識**に関して**日本の企業と大学の連携が不十分である。大学の教育内容（特に文科系学部における）に対する企業の信頼性の低さを指摘する教授が多い。

②　実際，多くの企業が大学を出たばかりの社員を育成するために社内の独自プログラムを開発している。こうしたプログラムは競争力のある労働力を育てるのに役立つと考える傾向があるようだ。より広範囲にわたる連携は理想的だが，大学教育は企業のために人材を育成することだけを意図しているものではないという大学教授たちの強い信念**を心に留めておく**必要がある。

③　企業が大学生に仕事を提供する〔大学生を採用する〕ことを決定する際，「人と良好な関係を築く能力」のある新人を求めている。また，大学での専攻分野や成績よりも，クラブやスポーツなどでの集団活動や，アルバイトでの経験をはるかに重視する。ほとんどの学生は，4年次の春学期に採用通知をもらうが，それは他の国々でなら学生たちの能力を証明するであろう卒業論文や卒業課題を完成させたりするずっと前だ。

Useful Expressions

①　**with regard to ～**　～に関して，～をめぐって

この表現はほとんどの場合，regarding ～ に置き換えられる。
Serious discussions are ongoing **with regard to** assessment methods.
（評価法に関して真剣な討議が続けられている。）

②　**keep〔bear〕～ in mind**　～を覚えておく，～を心に留めておく

目的語（'～'の部分）が長いと本文のように後置される。本文の the strong belief (among university professors) that... は「…という強い信念」の意味。keep〔bear〕in mind that...は「…ということを覚えておく」の意味になる。You should **keep in mind (that)** English will be more important in the future.（将来，英語はもっと重要になるということを心に留めておくとよい。）

1 ④ On the other hand, companies in North America and Europe make hiring decisions based on a student's major, grades at graduation, and the theme and quality of their graduation thesis. If Japanese companies were to **place more emphasis on** university
5 majors and final GPAs when hiring, the situation would change. Collaboration in the development of human resources between universities and companies could develop more effectively.

⑤ Another characteristic of the Japanese hiring process is that most new graduates join companies all at once, on April 1st.
10 Training for new employees then begins, lasting from a few weeks to a half year. In contrast, overseas companies are looking for immediately competent workers all year around, so that they do not have to implement extensive in-house training programs.

⑥ However, the situation with regard to students in Japan is
15 changing gradually. Compared to students of 20 or 30 years ago when the current managers were students, today's university students in Japan attend classes, participate actively in group work and complete assignments.

⑦ Companies should recognize this important and welcoming
20 change at universities. For this reason, universities and businesses should build trust and hold more in-depth discussions on what kind of education should be provided at university. This will reduce students' vague worries about their future and create an environment where they can **apply** what they have learned **to**
25 their work.

Words and Phrases

ℓ.12 immediately	すぐに	ℓ.13 implement	～を実施する
ℓ.12 competent	有能な	ℓ.21 in-depth	掘り下げた，徹底的な

全訳

④ 一方，北米や欧州の企業では，学生の専攻や卒業時の成績，卒業論文のテーマや質などに基づいて採用決定をしている。日本企業が採用時に大学の専攻や最終的なGPA（評定平均値）**をもっと重視すれ**ば，状況は変わるだろう。大学と企業の人材育成の連携がより効果的に展開され得るだろう。

⑤ 日本におけるもう一つの採用過程の特徴として，ほとんどの新卒社員が4月1日に一斉に入社することが挙げられる。その後，新入社員研修が始まり，数週間から半年にわたって続く。これに対し，海外の企業では即戦力のある人材を一年中求めているので，総括的な社内研修を実施する必要はない。

⑥ しかし，日本の学生の状況は徐々に変化している。現在の管理職が学生だった20～30年前比べると，今の日本の大学生は，授業に出席し，積極的にグループワークに参加し，課題をこなしている。

⑦ 企業は大学でのこの重要かつ喜ばしい変化を認識すべきである。よって，大学と企業が信頼関係を築き，大学でどのような教育を行うべきかについて，より徹底した議論を行うことが求められる。そうすることで，大学生の将来への漠然とした不安が軽減し，学んだこと**を仕事に活かす**ことができる環境を創り出せるだろう。

A

質問：日本の大学と企業は，人材育成の面でもっと協力すべきなのでしょうか。そう考える理由またはそう考えない理由は何ですか。
例：Yes. If they do so, Japan will be able to nurture a more competitive workforce. （そうですね。そうすることで，日本はより競争力のある人材を育成することができます。）

Useful Expressions

④ **place more emphasis on ～**　～をもっと重視する

I think we should **place more emphasis on** music education. （音楽教育をもっと重視すべきだと私は思います。）

⑦ **apply ～ to ...**　～を…に応用する〔生かす〕

It doesn't make sense not to **apply** what you've learned **to** everyday life. （今まで学んだことを日常生活に生かさないのは意味がない。）

◆ College Students and Job Hunting　大学生と就職活動

732 alumni
[əlʌ́mnai]

大学の卒業生
➡ alumnus（（男子の）卒業生，同窓生）の複数形。
alumni は男女卒業生の意味。

733 graduate
[grǽdʒuət]

卒業生
派 graduation（卒業）

734 Arts Faculty

文科系学部
= the Faculty of Arts
参 the Faculty of Science（理学部）

735 commencement
[kəménsmənt]

卒業式
≒ graduation ceremony

736 competitive workforce

競争力のある人材
building and maintaining a competitive workforce（競争力のある人材の育成と維持）

737 CV

履歴書
CV is an outline of a person's educational and professional history, usually prepared for job applications.（履歴書とは，学歴や職歴を記したもので，通常，就職活動（求職申し込み）用に作成される。）

738 employment offer

採用通知

739 hiring decision

採用決定

740 offer a job

採用する，仕事を提供する

741 in-house

[形] 社内の
in-house language training（社内語学研修）

742 intern
[íntəːrn]

インターン，実習生
An intern is a student who is getting practical experience in a job, sometimes without pay.（インターンは，時には無給で仕事の実務を経験する学生である。）

743 internship
[íntəːrnʃip]

インターンシップ
➡ 学生が在学中に企業などで就業体験する制度。
an internship at a television station（テレビ局のインターンシップ）

744 job hunting

就職活動
go job hunting（就職活動をする）

745 □	minimum skills	最低限のスキル 參 minimum（最低限の，最小限の）
746 □	new recruit	新人
747 □	**scholarship** [skάlərʃip]	奨学金
748 □	training for new employees	新入社員研修，新人研修 ≒ new employee training

Degree （学位）

749 □	**associate degree**	準学士（号） ➡二年制大学を卒業して得られる学位。
750 □	**bachelor's degree**	学士号 ➡四年制大学を卒業して得られる学位。
751 □	**master's degree**	修士号 ➡大学院博士課程前期で取得可能な学位。
752 □	**MBA**	経営学修士 ➡ Master of Business Administration
753 □	**doctorate, Ph.D.**	博士号

4

さらなるグローバル化のために【単語】

◆ Names Related to Students　学生の呼称

754	**fraternity, frat** [frətɔ́:rnəti]，[frǽt]	フラタニティ ➡男子学生の社交クラブ。 参 **sorority**（ソロリティ）女子学生の社交クラブ のこと。
755	**freshman** [fréʃmən]	《米》大学１年生
756	**sophomore** [sάfəmɔ̀:r]	《米》大学２年生
757	**junior** [dʒú:niər]	《米》大学３年生
758	**senior** [sí:njər]	《米》大学４年生
759	**graduate student**	《米》大学院生 ≒ **graduate**《米》
760	**undergraduate**	学部の学生

◆ Credit Acquisition　単位取得

761	**flunk out, fail out**	（単位が取れず）落第〔退学〕する
762	**leave school**	退学する ≒ **quit school**（学校を辞める）
763	**major** [méidʒər]	専攻
764	**major in ~**	～を専攻する She major in history at Columbia University. （彼女はコロンビア大学で歴史を専攻した。）
765	**minor** [máinər]	副専攻
766	**registration** [rèdʒistréiʃən]	科目登録
767	**required course**	必修科目 ➡学位取得のために必ず取らなければならないもの。 参 **elective course**（選択科目）
768	**syllabus** [síləbəs]	シラバス ➡授業の概要・計画・評価基準などを提示したもの。
769	**take a temporary leave from school**，　**take a semester off**	休学する

176

◆ Examinations and Assignments　試験・課題

770	**final exam**	学期末試験
771	**GPA**	成績〔評定〕平均値，GPA ➡ Grade Point Average
772	**grade** [gréid]	成績
773	**graduation task**	卒業課題
774	**graduation thesis**	卒業論文 ≒ thesis（卒論，学位論文）
775	**make-up exam**	追試験
776	**mid-term exam**	中間試験
777	**open-book exam**	教科書や辞書持ち込み可のテスト
778	**placement test**	プレースメントテスト，クラス分けテスト ➡英語やその他コースでレベル分けをするために用い 　られる試験。
779	**semester** [siméstər]	セメスター，（2学期制の）学期 参 quarter（クオーター，（4学期制の）学期）
780	**term** [tə́:rm]	（3学期制の）学期
781	**term paper**	学期末レポート

> **Q** Why do you think that *"global jinzai"* has become a buzzword in Japan? (→ p.181)

1　① *"Global jinzai"* is currently a buzzword in Japanese business and academic circles. This is especially true after the Ministry of Education, Culture, Sports, Science and Technology (MEXT) began accepting applications in 2012 for its "Global Human Resource
5 Development Promotion Program." Its meaning is generally along the lines of "globally competent businessperson."

②　**It appears that** there is no consensus about how it should be translated into English, though.　The literal translation "global human resources," which is often seen, is generally understood as
10 "employees around the world" in English-speaking countries.

③　Different people have different ideas about what kind of learning experiences students should have during their university days to become globally-competent.　When asked this question, many people point to foreign language proficiency.　This may be
15 because they think acquiring a foreign language **frees** us **from** the filter of our native culture.　For example, knowing a foreign language allows us to obtain information directly from media outside our native languages.　It would be easier to understand different opinions from a broader perspective if we did not have
20 to rely on translations.　Nuances of language and cultural aspects can be easily lost without the relevant background knowledge. In other words, the acquisition of foreign languages expands our ability to think critically and receive up-to-date information about what's happening in the rest of the world.

Words and Phrases

ℓ.1　buzzword　流行り言葉，業界用語　　　ℓ.7　consensus　意見の一致，コンセンサス

全訳

① 現在，日本の経済界や学術界では，「グローバル人材」が流行り言葉になっている。特に，2012年に文部科学省が「グローバル人材育成推進事業」の公募を開始して以降，その傾向が特に強くなっている。その意味は，一般的に「グローバルに通用するビジネスパーソン」といったものである。

② しかし，英語にどう訳すべきかについては，コンセンサスが得られていない**ようだ**。よく目にする「global human resources」という文字通りの訳は，英語圏では「世界中の従業員」と理解されるのが一般的だ。

③ グローバルに通用するようになるために，学生は大学時代にどのような学習体験をすればよいのかという点について，さまざまな意見がある。このことを問われると，多くの人は，外国語能力を挙げる。それは，外国語を身につけることで，自文化というフィルター**から解放される**と考えるからであろう。例えば，外国語ができれば，母語以外のメディアから直接情報を得ることができる。翻訳に頼る必要がなければ，より広い視野で異なる意見を理解することも容易になるはずだ。（翻訳の場合）関連する背景知識がない場合，言葉のニュアンスや文化的側面は容易に失われ得る。言い換えるなら，外国語の習得は，批判的に考え，世界で起こっている最新情報を受け取る能力を高めるのだ。

Useful Expressions

② **It appears that ...** …のようである

It appears that we need to place more emphasis on foreign language education.（私たちは外国語教育をさらに重視しなければならないようである。）

③ **free 〜 from ...** 〜を…から解放する

We may **free** ourselves **from** biased ideas by getting to know different cultures and customs.（私たちは他の文化や習慣を知ることにより偏見から解放されるかもしれない。）

38 What kind of university education can foster "global human resources" (2)

「グローバル人材」を育む大学教育とは？ (2)

 ♪音声

1 ④ **Putting** foreign language study **to one side**, what other requirements are there for producing *"global jinzai"*? Should students be exposed to a different culture? More and more universities outside Japan are requiring their students to study in

5 other countries for at least one semester because they recognize the importance of intercultural understanding.

⑤ The educational benefits of studying abroad reflect the core values of liberal arts education at university. It is often said the merits of studying abroad include greater independence, exposure

10 to other cultures and ideas, as well as the problem-solving skills required in everyday life. This is why studying abroad is getting more attention as a way of enhancing the experience of university students, not only in Japan but around the world as well.

⑥ Experts also say that studying in a different culture helps to

15 make students more tolerant of unfamiliar social customs and rules. They learn to respect different opinions and become more interested in current events in other countries and regions. It could also be said that students will learn to adjust their mindsets over time when they are exposed to different values. This is because

20 they will need to make their own judgments on new situations, which can eventually lead to wiser choices.

Words and Phrases

ℓ.2	requirement	必要条件, 要件	
ℓ.4	require ~ to *do*		
		~に…するよう要求する	
ℓ.5	semester	学期	
ℓ.7	reflect	~を反映する	
ℓ.7	core	中核となる	

ℓ.9	exposure to ~	（異文化など）に触れること	
ℓ.10	problem-solving	問題解決（の）	
ℓ.13	not only ~ but ... as well		
		~だけでなく…も	
ℓ.15	unfamiliar	なじみのない	
ℓ.17	current events	時事問題	

全訳

④　外国語の学習のこと**はひとまず置いておいて**,「グローバル人材」を育てるには, 他にどういった要件があるだろうか。学生にとって異文化に触れることは必要だろうか。海外では, 異文化理解の重要性を認識し, 少なくとも1学期は他国に留学するように要求する大学が増えている。

⑤　海外留学の教育効果は, 大学における教養教育の中核となる価値観を反映したものだ。留学の利点として, 自立心の向上, 異なる文化や考え方に触れること, 日常生活で必要な問題解決能力を身につけることなどだとしばしば言われる。このような理由から, 日本だけでなく世界中で, 大学生の経験の質を高める方法として, 海外留学がより注目されているのだ。

⑥　専門家は, 異文化で学ぶことは, なじみのない社会の習慣やルールに対してより寛容になるのに役立つと述べている。異なる意見を尊重することを学び, 他の国や地域の時事問題に興味を持つようになる。また, 学生は異なる価値観に触れることで, ゆっくり時間をかけて自分の考え方を調整することができるようになるとも言える。なぜなら, 彼らは新しい状況に対して自分自身で判断することが必要になり, それが最終的により賢明な選択につながるからだ。

A　質問：「グローバル人材」という言葉がなぜ日本で流行り言葉になっていると思いますか。
例：It's probably because more and more businesses feel they need to go global in order to survive. (それはおそらく, 生き残るためにますます多くの企業がグローバル化しなければならないと感じているからです。)

Useful Expressions

④　**putting ～ to one side**　～はひとまず置いておいて

Putting the cost **to one side**, what do you think the merits of an intensive Chinese language program are?
(コストのことはひとまず置いておいて, 中国語集中プログラムの利点は何だと思いますか。)

◆ To Be Globally Active　グローバルに活躍するために

782	**a sense of ethics**	倫理観
783	**a sense of mission**	使命感
784	**a sense of responsibility**	責任感
785	**broad-minded**	［形］懐の深い，人間ができている ⇔ **narrow-minded**（心の狭い，偏屈な）
786	**competent** [kámpətənt]	［形］有能な 派 **competence / competency**（能力，力量）
787	**independent** [ìndipéndənt]	［形］自立した **She is independent of her family.**（彼女は家族から自立している。） ⇔ **dependent**（依存した）
788	**liberal** [líbərəl]	［形］心が広い，既存の価値観から自由な liberal **attitude**（寛容な態度）
789	**cross-cultural competence**	異文化コンピテンス〔対応力〕，異文化適応力 ≒ **cultural competency**（異文化コンピテンシー〔対応力〕）
790	**digital competence**	デジタルコンピテンス ➡ 仕事やプライベートなどでのコミュニケーションにおいて，デジタル技術をプライバシーやセキュリティに配慮して自信と責任をもって利用するための能力のこと。
791	**global competence**	グローバルコンピテンス，グローバルな対応力 ➡ 国際的な場で必要となる能力や力量のこと。 ≒ **global competency**
792	**enhance** [inhǽns]	［他］〜を高める，〜を強化する **This book will enhance your possibility of succeeding.**（この本は，あなたの合格の可能性を高める。） ≒ **heighten, raise**
793	**globally** [glóubəli]	［副］グローバルに 派 **global**（グローバルな）

794	judgment, judgement [dʒʌ́dʒmənt]	判断力 **I trust his** judgment. (私は彼の判断力を信じる。) **參** judge (〜を判断する；〜を批判する)
795	mutual trust	相互信頼
796	learning experience	学習経験
797	open-minded	[形] 頭の柔らかい，偏見のない ⇔ narrow-minded (偏見を持った)
798	public nature	公共性 **functions of a** public nature (公共性をもつ機能)
799	tolerant of different values	異なる価値観に寛容な **You should be** tolerant of different values. (さまざまな価値観に寛容であるべきだ。) **參** tolerance (寛容；耐性)
800	unprejudiced [ʌnprédʒudist]	[形] 偏見のない，公平な ⇔ prejudiced (偏見を持った，不公平な)
801	value creation	価値創造 (力)

◆ Learning a Foreign Language　外国語を習得する

802	acquire a foreign language	外国語を身につける
803	authentic material	オーセンティックな教材 ➡教育を目的として作られた教材ではないもの (パンフレットやポスターなど)。 **參** authentic texts (オーセンティックな教科書)
804	background knowledge	背景知識
805	be exposed to 〜	〜に触れる，〜にさらされる **Local people have not** been exposed to **Western life before.** (現地の人たちは，これまで西洋の生活に触れてこなかった。) **派** exposure ((危険などに) さらされること，さらすこと)
806	context [kántekst]	文脈，コンテキスト **guess the meaning of the word from the** context (文脈から単語の意味を推測する)

807 ☐ **fluency** [flúːənsi]	流暢さ Fluency in Chinese is required for this job. （この仕事には中国語の流暢さが必要だ。） 派 **fluent**（流暢な）	
808 ☐ **heritage language**	継承語 ➡ 移民などにとって，親から受け継いだ言葉。	
809 ☐ **intercultural** [ìntərkʌ́ltʃərəl]	［形］（異）文化間の	
810 ☐ **intonation** [ìntənéiʃən]	抑揚，イントネーション	
811 ☐ **mindset** [máindsèt]	考え方，ものの見方，マインドセット You should change your mindset about this project.（このプロジェクトに対する考え方を改 めるべきだ。） 参 **set one's mind to ~**　（～を心に決める）	
812 ☐ **local language**	現地語	
813 ☐ **mother tongue**	母語 ≒ **mother language**	
814 ☐ **native culture**	自文化	
815 ☐ **perspective** [pərspéktiv]	観点，見方 Her attitude lends a fresh perspective to the matter.（彼女の立場は，この問題に新鮮な視点 を与えてくれる。）	
816 ☐ **proficiency** [prəfíʃənsi]	熟練，習熟 a high level of oral proficiency in French （フランス語の高度な会話能力）	
817 ☐ **redundancy** [ridʌ́ndənsi]	冗長；余分 In writing an essay, you should avoid redundancy or unnecessary words.（エッセイを書く際には， 冗長さや不必要な言葉を避ける必要がある。）	
818 ☐ **social custom**	社会の習慣 Sake is deeply rooted in the social customs of Japanese people.（日本酒は日本人の社会習慣に 深く根差している。）	
819 ☐ **studying abroad**	海外留学	
820 ☐ **university days**	大学時代	
821 ☐ **up-to-date information**	最新情報	

MEMO

4

さらなるグローバル化のために 【単語】

♪音声

Q | What "basic skills people need" do you think should be taught in school?(→ p.189)

1 ①　The Liberal Arts have become more popular in the United States over the past decade. This is because of the increasing need for a broad knowledge base and the ability to make multifaceted decisions. We are often faced with the need to solve

5 difficult problems that do not have clear answers. Many Japanese university students, however, seem to think that "Liberal Arts education" is the same as "general education." Do you think they understand the differences between them?

②　General education is a counterpart to specialized education.

10 General education represents the minimum knowledge one should have in order to work as a member of society. The Liberal Arts education, on the other hand, is intended to transfer what is studied into critical thinking skills, and **deal with** questions that do not have clear answers. The Liberal Arts are the study

15 of the means for modern people to live freely by getting rid of preconceptions of "how things should be." They are studied to acquire the skills to respect diverse values and make informed choices. The Liberal Arts education removes the inconvenience caused by everyday ideas, stereotypes and preconceptions. It is

20 knowledge that **enables** us **to** think creatively and freely.

Words and Phrases

ℓ.7　general education 一般教養［教育］

ℓ.9　counterpart to ~ 　~と同等のもの

ℓ.12 transfer ~ into ...
　　　　　　~を…へ写し取る［転写する］

ℓ.19 stereotype 　ステレオタイプ, 固定観念

186

全訳

① 米国では，ここ 10 年来，リベラルアーツがさらに注目を集めている。その背景には，幅広い知識のベースと多面的な判断をする能力の必要性が高まっていることがある。私たちは，明確な答えのない難問を解決する必要に迫られることが多い。しかし，日本の大学生の多くは，「リベラルアーツ教育」を「一般教養」と同じものだと捉えているようだ。彼らは両者の違いを理解していると思うだろうか。

② 一般教養は，専門教育と対をなすものである。一般教養は，社会人として働くために最低限身につけておくべき知識を意味する。一方，リベラルアーツ教育は，学んだことを批判的思考力に転化し，明確な答えのない問い**に対処する**ことを目的としている。リベラルアーツは，現代人が「こうあるべき」という先入観を捨てて自由に生きるための手段を学ぶ学問だ。多様な価値観を尊重し，十分な情報を得た上で選択する技術を身につけるための学問である。リベラルアーツ教育は，日常的な考え方や固定観念，先入観による不自由さを取り除いてくれる。我々**が**創造的に，そして自由に考える**ことを可能にする**のが知識なのだ。

Useful Expressions

② **deal with 〜** （解決が難しい問題）に取り組む

Some find it difficult to **deal with** educational disparities. （教育格差に取り組むのは難しいと感じる人がいる。）

② **enable 人 to *do*** 人が…することを可能にする

A vast amount of knowledge **enables** us **to** think freely. （膨大な知識があるからこそ，自由な発想ができるのだ。）

40 The Recent Focus on Liberal Arts (2)
近年注目されるリベラルアーツ (2)

♪音声

③　Its origins can **be traced to** the Seven Liberal Arts of the ancient Greeks and Romans: grammar, rhetoric, dialectics, arithmetic, geometry, astronomy, and music. These were considered basic knowledge for human beings. The purpose
5 of study is not only to acquire knowledge, but also to develop practical intelligence and creativity through philosophical dialogue.

④　This is why Liberal Arts education is being reevaluated now. As globalization continues, people and businesses are often faced
10 with new and difficult problems that are outside their experiences. To survive and thrive in this environment, we need to have a wide perspective and a broad knowledge base. We question our own ideas and accept different values. It is important for us to cultivate the ability to collaborate with others and find
15 satisfactory solutions to objectives. This is believed to help us make appropriate decisions.

⑤　The Liberal Arts **seek to** embody ideals. It is said that a Liberal Arts education can develop the ability to think logically and the ability to solve problems, which is helpful even when
20 creating new products. For example, when Steve Jobs created new products, he did not do traditional market research. Instead, he famously engaged in dialogue with experts and critics from a variety of fields. This attitude of "thinking outside the box" is a hallmark of the Liberal Arts.

Words and Phrases

ℓ.10 outside ～ = beyond the limits of ～　　ℓ.22 engage in ～　　～に従事する
ℓ.15 satisfactory　満足のいく, 申し分ない　　ℓ.24 hallmark　　特徴, 特質
ℓ.21 market research　市場調査

全訳

③　その (＝リベラルアーツの) 起源は，古代ギリシャ・ローマ時代の「自由七科」(文法，修辞，弁証法，算術，幾何学，天文学，音楽) **にまでさかのぼる**ことができる。これらは人間にとって基本的な知識であると考えられていた。学問の目的は知識の習得だけでなく，哲学的な対話を通じて実践的な知性と創造性を身につけることにある。

④　だからこそ，今，リベラルアーツ教育が再評価されているのだ。グローバル化が進む中，人も企業も，自分の経験の枠を超えた新たな難題に直面することが多くなっている。このような環境で生き残り，活躍するためには，広い視野と幅広い知識ベースが必要だ。自分自身の考えを問い直し，異なる価値観を受け入れる。他者と協働し，目的に対して納得のいく解決策を見出す力を養うことが大切だ。それが適切な意思決定につながると考えられている。

⑤　リベラルアーツは，理想を具現化し**ようと試みる**ものだ。リベラルアーツ教育を受けると，論理的思考力や問題解決力が養われると言われており，それが新しい製品を生み出す際にも役立つとされている。例えば，スティーブ・ジョブズが新しい製品を生み出す時，従来のような市場調査は行わなかった。その代わりに，よく知られているように，さまざまな分野の専門家や評論家と対話を重ねた。このような「既成概念にとらわれない」姿勢は，リベラルアーツの特徴でもある。

A　質問:学校で教えるべき「人間として必要な基礎的なスキル」とは何だと思いますか。
例：I think presentation, debate, and discussion skills should be taught in school. (プレゼンテーション，ディベート，ディスカッションのスキルを，学校で教えるべきだと思います。)

さらなるグローバル化のために

Useful Expressions

③　**be traced to ～**　～までさかのぼる〔たどる〕

My ancestors can **be traced to** Tochigi prefecture and Osaka. (私の先祖は栃木県と大阪府にさかのぼることができる。)

⑤　**seek to *do***　…しようと努める〔試みる〕

We **seek to find** the purpose of life. (私たちは，人生の目的を見出そうとする。)

189

◆ **Origins of Liberal Arts Education　リベラルアーツ教育の起源**

822 **ancient** [éinʃənt]	［形］古代の Archaeologists are uncovering the ruins of this ancient civilization.（考古学者たちは，この古代文明の遺跡を発見している。）
823 **ancient Greece**	古代ギリシア
824 **Greek** [grí:k]	［形］ギリシャの，ギリシャ人〔語〕の ギリシャ人；ギリシャ語 Greek mythology is the body of myths originally told by the ancient Greeks.（ギリシャ神話は，古代ギリシャ人によって語られた神話の体系である。）
825 **ancient Rome**	古代ローマ
826 **Roman** [róumən]	［形］（古代・現代の）ローマの；ローマ人の （古代・現代の）ローマ人 The Roman Empire ruled most of Europe.（ローマ帝国はヨーロッパの大部分を支配していた。）
827 **from ancient Rome to modern times**	古代ローマ時代から現代まで This course covers the development of bridges from ancient Rome to modern times.（このコースでは，古代ローマから現代までの橋の発展を取り上げる。）
828 **historical figure**	歴史上の人物 introduce notable historical figures（歴史上の著名な人物を紹介する）
829 **mythology** [miθálədʒi]	神話 Roman mythology（ローマ神話）
830 **philosophical dialogue**	哲学的な対話 Philosophical dialogue is a mutual inquiry.（哲学対話は相互の探求である。）
831 **practical intelligence**	実践的な知性 Practical intelligence is the ability to apply one's intelligence to practical situations.（実践的知性とは，自分の知性を実用的な場面で活用する能力である。）

自由七科（The Seven Liberal Arts）

832 **arithmetic**
[əríθmətik]

算術
Arithmetic is the part of mathematics that deals with the adding and multiplying, etc. of numbers.（算術とは，数学のうち，数の足し算や掛け算などを扱う部分である。）

833 **astronomy**
[əstránəmi]

天文学
Astronomy is the scientific study of the universe and of objects that exist naturally in space, such as the sun, moon, stars, planets, etc.（天文学は，宇宙と，太陽，月，星，惑星など，宇宙に自然に存在する物体を科学的に研究する学問である。）

834 **dialectic**
[dàiəléktik]

弁証法
Dialectic is a method of discovering the truth of ideas by discussion and logical argument and by considering ideas that are opposed to each other.（弁証法とは，議論と論理的な論証や互いに対立する思想の考察によって，思想の真理を発見する方法である。）

835 **geometry**
[dʒiámətri]

幾何学
Geometry is a branch of mathematics that deals with the study of space and the relationships between points, lines, curves, and surfaces.（幾何学は，空間と点，線，曲線，面の関係を研究する数学の一分野である。）

836 **grammar**
[grǽmər]

文法
the complexities of English grammar
（英文法の複雑さ）

837 **music**
[mjú:zik]

音楽

838 **rhetoric**
[rétərik]

修辞学，雄弁術，話術；美辞麗句，誇張
the rhetoric of political slogans（政治的スローガンのレトリック）

◆ What Liberal Arts Education Cultivates　リベラルアーツ教育で涵養するもの

839 ability to solve problems

問題解決力

In the workplace, you are judged on your ability to solve problems. (職場では，問題を解決する能力があるかどうかで判断される。)

≒ problem-solving ability

840 ability to think logically

論理的思考力

You can strengthen your ability to think logically by asking questions about things accepted as fact. (事実として受け止められていることに疑問を持つことで，論理的思考力を鍛えることができる。)

≒ logical thinking ability

841 analytical thinking

分析的思考

The nation's education system promotes rote learning over analytical thinking. (この国の教育制度は，分析的思考よりも暗記学習を促進する。)

842 broad knowledge

幅広い知識

A broad knowledge base keeps one's mind open and agile. (幅広い知識基盤を持つことで，心がオープンになり，機敏に動けるようになる。)

843 comprehensive knowledge

広範な知識

acquire comprehensive knowledge of ~ (~に関する幅広い知識を得る)

844 creative thinking

クリエイティブシンキング，創造的思考

Creative thinking is the ability to consider something in a new way. (クリエイティブシンキングとは，何かを新しい方法で考える能力のことだ。)

参 creative analysis (クリエイティブアナリシス，創造的分析)

845 cultivate the ability

力を養う

We will cultivate the ability to solve problems together with people who have different cultures. (我々は文化の異なる人たちと一緒に問題を解決する力を養うだろう。)

846 □	**decision-making skill**	意思決定能力，決断力 Decision-making skills **are the abilities to select the best possible option from the alternatives available.**（意思決定能力とは，可能な選択肢の中から最適なものを選択する力のことである。） ≒ **decision-making ability**
847 □	diverse values	多様な価値観 **This project seeks to focus on people with** diverse values **and lifestyles.**（このプロジェクトでは，多様な価値観やライフスタイルを持つ人々に焦点を当てようとしている。）
848 □	get rid of preconception	先入観を取り払う **This book aims to** get rid of preconception.（本書は先入観を取り払うことを目的としている。） 派 **preconceived**（先入観にとらわれた）
849 □	**imaginative thinking**	想像的思考 参 **imaginative analysis**（想像的分析）
850 □	live freely	自由に生きる **Every person is entitled to** live freely.（すべての人は，自由に生きる権利がある。） 参 **think freely**（自由に考える）
851 □	make an informed choice	十分な情報を得た上で選択する **Good information is essential if we are to** make informed choices.（私たちが十分な情報を得た上で選択するためには，よい情報が不可欠だ。）
852 □	think outside the box	既成概念にとらわれずに考える，枠にとらわれずに考える ➡ to think of new, different, or unusual ways of doing things（新しい，今までと異なる，変わったやり方を考えること） **All the employees are encouraged to** think outside the box **and develop creative solutions.**（すべての社員は，既成概念にとらわれずに考え，創造的なソリューションを開発することを奨励されている。）
853 □	wide perspective	広い視野，大局観 **It is necessary to consider this matter in a** wide perspective.（この問題は広い視野で検討する必要がある。）

4 さらなるグローバル化のために【単語】

193

854 art thinking

アート思考
➡ビジネスにおける革新的なアイデアの発想のために，アーティストが作品を生み出すプロセスを応用するという考え。

855 civics
[síviks]

市民論，市政論
➡市政についての社会科学を意味する。

856 classic
[klǽsik]

古典，名作
His play has become an American classic.
（彼の演劇はアメリカの古典となった。）

857 classical literature

古典文学
Classical literature refers to the great masterpieces of Greek, Roman, and other ancient civilizations.（古典文学とは，ギリシャ，ローマや他の古代文明における偉大な傑作を指す。）
派 classical（古典の，古典主義の）

858 embody
[imbádi]

[他] ～を具現化する
She is a politician who embodied the hopes of youth.（彼女は若者の希望を体現した政治家である。）

859 ethics
[éθiks]

倫理学
Ethics is a branch of philosophy that deals with moral principles.（倫理学は，哲学の一分野であり，道徳的原則を扱う。）

860 multifaceted
[mʌ̀ltifǽsitəd]

[形] 多面的な
Ensuring food security is a complex and multifaceted problem.（食料安全保障の確保は，複雑かつ多面的な問題である。）

861 philosophy
[filásəfi]

哲学
the Ancient Greek philosophy of Stoicism（古代ギリシャの哲学であるストア学派）

862 postmodern
[pòustmádərn]

[形] ポストモダンの
➡ポストモダニズム（postmodernism）とは，モダニズム（近代主義）に対する反動として新旧のスタイルを混在させた芸術，文学，思考などの思想，態度，様式を意味する。
postmodern architecture（ポストモダンの建築）

863 Renaissance man

ルネサンス的教養人

➡ a man who knows a lot about many different subjects and does many different things very well （いろいろなテーマに詳しくて，いろいろなことを上手にこなす人）

He is a writer, physician, musician and athlete — a real Renaissance man. （彼は，作家，医師，音楽家，スポーツ選手と，まさにルネサンス的な人物である。）

864 school of thought

（思想や芸術などの）学派
several schools of thought about how the universe began （宇宙の始まりについての，いくつかの考え方）

865 specialized education

専門教育

参考文献一覧

【参考辞書】

『エースクラウン英和辞典』第 3 版（三省堂）

『オーレックス英和辞典』第 2 版（旺文社）

『ジーニアス英和辞典』第 6 版（大修館書店）

『プログレッシブ英和中辞典』第 5 版（小学館）

『広辞苑』第 7 版（岩波書店）

【参考サイト】

collinsdictionary.com/

dictionary.cambridge.org

dictionary.goo.ne.jp/ej/

ldoceonline.com/jp/dictionary/online

macmillandictionary.com

merriam-webster.com

oxfordlearnersdictionaries.com

Thesaurus.com

ejje.weblio.jp

※英文の執筆にあたり，参考にしたサイト・文献は下記の通りです（いずれも最終
閲覧日は 2023 年 1 月 10 日）。

第 1 章　自分を高める学び

・1 - 2

American Psychological Association（2022）"Control anger before it controls
you"
https://www.apa.org/topics/anger/control

Dummies ─ A Wiley Brand（2021）"Examining the Pros and Cons of Anger"
https://www.dummies.com/article/body-mind-spirit/emotional-health-psychology/
emotional-health/anger-management/examining-the-pros-and-cons-of-
anger-200394/

Psychology Today（2022）"Emotional Abuse: Why Anger Management Didn't
Work"
https://www.psychologytoday.com/us/blog/anger-in-the-age-entitlement/200905/
emotional-abuse-why-anger-management-didnt-work

・3 - 4

高卒採用 Lab（2022）「新卒 1 年以内の離職率，大卒 11 ％，高卒 16 ％ 離職を防
ぐコツは？【前編】」
https://lab.jinjib.co.jp/archives/2792

Indeed（2022）「何歳からでもキャリアパスを変更できる 9 のステップ」
https://jp.indeed.com/career-advice/finding-a-job/change-career-path

石黒順子（2020）「なぜ日本の若者は起業家を目指さないのか？」
https://cir.nii.ac.jp/crid/1390572174848573952

リチャード I. エヴァンス（1981）『エリクソンは語る ─ アイデンティティの心
理学』新曜社

・5 - 8

PositivePsychology.com（2022）"Cognitive Dissonance: Theory, Examples & How to Reduce It"
https://positivepsychology.com/cognitive-dissonance-theory/

Ricoh Company（2017）「認知的不協和」
https://drm.ricoh.jp/lab/psychology/p00005.html

カオナビ人事用語集（2022）「認知的不協和（理論）とは？【わかりやすく解説】具体例」
https://www.kaonavi.jp/dictionary/ninchiteki_fukyowa/

・9 - 10

産業能率大学（2021）「人生100年時代の新たなキャリア開発に向けて 〜得意技を手放す勇気を持とう〜」
https://www.hj.sanno.ac.jp/cp/feature/202001/24-02.html

EARTHSHIP CONSULTING（2019）「シャインの『8つのキャリア・アンカー』」
https://www.earthship-c.com/leadership/edgar-schein-career-anchors/

第2章　多様性と人財

・11 - 12

Keidanren（2018）「2018年度 新卒採用に関するアンケート調査結果」
http://www.keidanren.or.jp/policy/2018/110.pdf

・13 - 14

明日の人事online（2020）「クオータ制とは？ 効果やデメリット，両立支援等助成金を解説」
https://www.ashita-team.com/jinji-online/personnel_management/10433

内閣府 男女共同参画局（2022）共同参画6「諸外国の経済分野における女性比率向上に係るクオータ制等の制度・施策等に関する調査」
https://www.gender.go.jp/public/kyodosankaku/2022/202206/pdf/202206.pdf

日刊工業新聞（2017年6月5日）「女性活躍にはクオータ制が早道，役員登用義務づけを ― OECDのカイザー氏」
https://www.nikkan.co.jp/articles/view/430792

・15 − 18
TechTarget "digital native"
https://www.techtarget.com/whatis/definition/digital-native

ZUR INSTITUTE "How the Digital Divide Affects Families, Educational Institutions, and the Workplace"
http://www.zurinstitute.com/digital_divide.html

電通報（2022）「『学ぶ力』を学んだデジタルネイティブの創造力が世界を変える」
https://dentsu-ho.com/articles/3674

子どもプログラミングスクール egg（2020）「デジタルネイティブ世代とは？定義や特徴，教育方法などを解説」
https://egg-school.jp/column/digitalnative-column/

Medium "Closing The Gap Between 'Digital Native' and 'Digital Immigrant' "
https://medium.com/@miacrnfrska/digital-native-and-digital-immigrant-how-can-these-groups-work-together-592fff906fb1

第3章　学びから見た世界と日本の違い

・21 - 22
公益財団法人 全日本柔道連盟（2022年）
https://www.judo.or.jp/news/9766/

・23 − 24
Positive Discipline（2022）"Encouragement vs Praise for Teachers"
https://www.positivediscipline.com/articles/encouragement-vs-praise-teachers

Asana（2022）「建設的批判とは？正しく行うコツと受け取るコツ」
https://asana.com/ja/resources/constructive-criticism

・25 - 26

ITmedia（2019）「なぜ米国には学習塾が少ないのか？　詰め込み型の勉強は役に立たない，アメリカの入試制度」
https://nlab.itmedia.co.jp/nl/articles/1905/08/news040.html

FRONTLINE（2021）"South Korea's struggle to clamp down on 'cram schools' as the private tutoring industry remains lucrative"
https://frontline.thehindu.com/dispatches/south-korea-struggles-to-clamp-down-on-cram-schools-as-the-private-tutoring-industry-remains-lucrative/article35789513.ece

Dennislaw News（2022）"China bans exams for 6-year-olds in its quest to retool the educational system"
https://dennislawnews.com/article/china-bans-exams-for-6-year-olds-in-its-quest-to-retool-the-educational-system

Goandup（2022）"Explanation of The Characteristics of Cram Schools in Japan"
https://picks.goandup.jp/en/explains-the-characteristics-of-japanese-cram-schools-and-the-differences-from-foreign-cram-schools

・27 - 28

文部科学省（平成 24 年 2 月）「中高一貫教育の概要」
https://www.mext.go.jp/a_menu/shotou/ikkan/2/1316125.htm

第4章 さらなるグローバル化のために

・31 - 32

Understood "Common Core State Standards: What You Need to Know"
https://www.understood.org/en/articles/common-core-state-standards-what-you-need-to-know

MEXT "Improvement of Academic Abilities（Courses of Study）"
https://www.mext.go.jp/en/policy/education/elsec/title02/detail02/1373859.htm

経済産業省「人生 100 年時代の社会人基礎力」
https://www.meti.go.jp/policy/economy/jinzai/Ecforthe100-yearlife.pdf

・33 – 34

内閣府「リカレント教育の現状」
https://www5.cao.go.jp/keizai2/keizai-syakai/future2/chuukan_devided/saishu-
sankou_part4.pdf

mazrica times（2020）「VUCA（ブーカ）の意味とは？ 激変する時代を生き抜く
のに欠かせないフレームワーク」
https://times.mazrica.com/column/working-in-a-vuca-world/

mazrica times（2021）「リカレント教育とは｜生涯学習との違いやメリット・デ
メリットについて」
https://times.mazrica.com/column/about-recurrent-education/

パーソル総合研究所（2019）「パーソル総合研究所，日本の『はたらく意識』の
特徴を国際比較調査で明らかに。国際競争力低下の懸念。日本で働く人の46.3%
が社外で自己研鑽せず」
https://rc.persol-group.co.jp/news/201908270001.html#a02

文部科学省「高等教育の将来構想に関する参考資料」
https://www.mext.go.jp/b_menu/shingi/chukyo/chukyo4/042/siryo/__icsFiles/
afieldfile/2017/05/31/1386346_12.pdf

Newspicks（2017）「先進国一，勉強しない日本の会社員に明日はあるのか？」
https://newspicks.com/news/2647674/body/

厚生労働省「リカレント教育」
https://www.mhlw.go.jp/stf/newpage_18817.html

厚生労働省「日本的雇用システムと今後の課題」
https://www.mhlw.go.jp/wp/hakusyo/roudou/13/dl/13-1-5_02.pdf

総務省統計局「デフレの時代から景気回復へ」
https://www.stat.go.jp/data/topics/topi1193.html

・37 – 38

Japan Society for the Promotion of Science "INTER-UNIVERSITY EXCHANGE PROJECT"
https://www.jsps-go-jp.translate.goog/english/e-tenkairyoku/index.html?_x_tr_sl=ja&_x_tr_tl=en&_x_tr_hl=en&_x_tr_pto=sc

関西学院大学（2013 年）「海外の視点から見たグローバル人材」
https://www.doshisha.ac.jp/attach/page/OFFICIAL-PAGE-JA-1622/37661/file/7.pdf

・39 – 40

教員人材センター（2020）「リベラルアーツ教育とは？ その意味と注目される理由を簡単に解説」
https://kyoin.co.jp/column/liberal-arts-education/

Schoo（2022）「リベラルアーツとは？高まる必要性や効用・習得方法を解説」
https://schoo.jp/biz/column/938

MEMO

INDEX

索引

索引

索引

索引

索引

索引

INDEX

日本語索引

テーマ単語まとめに掲載の見出し語（＝通し No. を振ってある語）の日本語訳を五十音順に掲載しています。数字はページ数を表しています。

索引

索引

220

索引

索引

223

索引

MEMO

【監修者略歴】

東京国際大学言語コミュニケーション学部教授。立教大学名誉教授。コミュニケーション教育学専攻。

「松本茂のはじめよう英会話」「リトル・チャロ 2」「おとなの基礎英語」など長らく NHK のテレビ・ラジオ番組の講師および監修者を務めてきた。現在は NHK ラジオ「基礎英語」(4 番組) シリーズ全体監修者および「中学生の基礎英語レベル 2」講師 (2023 年 4 月より), 東京都英語村 (TGG) プログラム監修者も務めている。著作：『速読速聴・英単語』シリーズ (Z会, 監修), 『会話がつづく! 英語トピックスピーキング』(Z会), 『頭を鍛えるディベート入門』(講談社) 他, 多数。

【音声吹き込み】

Jack Merluzzi (アメリカ)

Hannah Grace (アメリカ)

書籍のアンケートにご協力ください

抽選で図書カードを
プレゼント！

Z会の「個人情報の取り扱いについて」はZ会 Web
サイト (https://www.zkai.co.jp/home/policy/)
に掲載しておりますのでご覧ください。

英単語 Issue キャリア・学び編 800

初版第 1 刷発行･･････････2023 年 3 月 10 日
監修者･･････････････････松本 茂
発行人･･････････････････藤井孝昭
発行･･････････････････････Z 会
　　　　　　　　　　〒 411-0033　静岡県三島市文教町 1-9-11
　　　　　　　　　　【販売部門：書籍の乱丁・落丁・返品・交換・注文】
　　　　　　　　　　TEL 055-976-9095
　　　　　　　　　　【書籍の内容に関するお問い合わせ】
　　　　　　　　　　https://www.zkai.co.jp/books/contact/
　　　　　　　　　　【ホームページ】
　　　　　　　　　　https://www.zkai.co.jp/books/
英文執筆・校閲･･････････Aaron Clarke, Adam Ezard, Kevin Glenz
企画・校正････････････････株式会社 そうだね, 松本祥子
校閲協力････････････････山下友紀
カバー写真････････････････浦島 久
装丁････････････････････････萩原弦一郎（合同会社２５６）
DTP･･････････････････････株式会社デジタルプレス
録音・編集････････････････一般財団法人 英語教育協議会（ELEC）
印刷・製本････････････････シナノ書籍印刷株式会社

ISBN978-4-86290-416-4　C0082